도시공동체의 민낯

갈등도시에서 공생도시로

도시공동체의 민낯

ⓒ 2021 최병대

초판 1쇄 찍은 날 2021년 12월 20일
초판 1쇄 펴낸 날 2021년 12월 30일
펴낸곳 ㈜아이에스디앤피 **출판등록** 2018년 5월 10일 제 2016-000137호
주 소 서울특별시 중구 충무로 50-7 301호(을지로3가)
전 화 02-583-7224
이메일 gogois@hanmail.net
ISBN

ISBN 978-89-963870-2-2

*책값은 표지 뒤쪽에 있습니다.
*파본은 구입하신 서점에서 교환해 드립니다.

도시공동체의 민낯

갈등도시에서 공생도시로

— 최병대 지음 —

도시공동체의 민낯

갈등도시에서 공생도시로

시작하기에 앞서 ·· 7

제1장 도시정치와 시민행복 ·· 17

    도시공동체의 행복시작은 바로 선거야!
    선거와 복지포퓰리즘, 그 고통과 책임은?
    공동체의 갈등출발은 '6'자와 '8'자 차이
    도시의 뿌리와 정체성, 누가 만들어 가나?
    이제 주민도 똑똑해야 한다, 화성시의 무료버스 운행
    도시공동체의 정체성을 살리는 구역개편이 되어야
    집행기관과 의결기관 갈등의 피해자는?

제2장 더불어 함께하는 공생도시 ·· 61

    보노보 경제가 사회적 기업을 살리는 길
    논란의 중심에 선 기본소득
    토가무라를 통해 본 지역축제와 지역발전
    도랑치고 가재잡는 공공체육시설 활용방법
    공기업(메피아)의 이면계약이 불행의 씨앗
    이케아 효과(IKEA effect), 애정이 충만한 도시 만들기

제3장   도시공동체의 속살 ················· 95

　　시민정신과 공동체 의식
　　도시에도 마을을!
　　도시/지역정체성과 지역DNA(RDNA)
　　도시/지역공동체를 살리는 길
　　소탐대실(小貪大失)하는 지자체의 호화청사
　　지방소멸을 막기 위해 우선 "해외동포이민특별법"을 만들자!

제4장   도시공동체의 변화와 혁신 ················· 121

　　도시경쟁력은 변화와 혁신이다
　　신뢰의 화폐가치
　　신뢰사회와 정부의 역할
　　혁신이란 이런 것, 부천발 대동제
　　용수철 개혁이 되지 않도록
　　시민이 주인인 고객평가는 더욱 성숙되어야
　　기업경영과 시정경영, 어떤 차이?

제5장   도시공동체의 미래 ················· 147

　　디지털 혁명과 스마트 도시의 도래

이 책을 마무리하며 ················· 159

표목차

〈표 1-1〉 동경도 미노베 지사와 스즈키 지사의
　　　　　 도쿄도정(東京都政)의 운영 실태 비교 ································ 31
〈표 1-2〉 수도권 4개시 단체장 해당 지역 출신 분포························ 44
〈표 1-3〉 서울시, 화성시, 수원시의 인구, 면적, 버스노선 수 비교············ 47
〈표 2-1〉 년간 1인당 국민총소득 ·· 65
〈표 2-2〉 서울시 예비사회적 기업 지원 현황(2017-2021)···················· 68
〈표 2-3〉 중앙정부의 년도별 사회복지예산 추이 ······························ 71
〈표 2-4〉 지방정부(수원시)의 년도별 사회복지예산 추이 ···················· 71
〈표 2-5〉 서울특별시 축제 개최현황(2017-2020)······························ 80
〈표 2-6〉 서울특별시의 공공체육시설현황(2017-2020)······················ 84
〈표 3-1〉 재외동포현황 ··· 118
〈표 5-1〉 세계 주요국의 인터넷 이용률(%) ·································· 153

그림목차

〈그림 2-1〉 토가무라의 갓쇼(合掌)주택····································· 77
〈그림 2-2〉 금문교(샌프란시스코) ·· 91
〈그림 3-1〉 가임여성 출산율 변화주이······································ 118
〈그림 4-1〉 부천시의 행정구 폐지 후 광역동으로 개편 ·················· 134

시작하기에 앞서

　오늘날 대한민국 국민의 9할 이상이 도시라는 공간에서 살아가고 있다. 도시는 유기체며 생명체다. 도시라는 생명체가 건강하기 위해서는 도시공동체가 깨어 있어야 한다. 건강하고 행복한 도시공동체가 되기 위해서는 공동체의 선善이 발현되어야 한다. 이를 위해서는 시민들의 공동체의식이 중요하다.
　공동체는 가치, 이상, 믿음을 공유하는 사회이다. 이는 서로 믿는 사회이며, 서로 협력하는 사회이다. 공동체라는 의미는 '더불어 함께 사는 사회'이다. 공동체의식과 시민사회는 상호 보강작용을 한다. 공동체의식이 진전될 때 좋은 사회가 된다.
　흔히 한국 사람은 지인들과 같이 잘 아는 사이에는 지나칠 정도로 친절하고 예의를 잘 지키지만, 모르는 사람에게는 예의를 지키지 않고 불친절하기 이를 데 없는 특성이 있다. '우리끼리'는 잘 통할지 몰라도 구성원들 전체와는 전혀 잘 통하지 않음이다. 이는 공동체의식이 약하거나 결여되어 있다는 것을 의미한다.

공동체의 구성원은 시민이다. 시민은 임무와 권리가 균형있게 통합된 정치적인 인격체이다. 흔히 얘기하는 주인, 주인의식은 시민, 시민정신을 적절히 표현하는 것이라고 할 수 있다.

시민정신이란 무엇인가? 시민정신은 공동체의 이익을 우선으로 하고 이를 보호하고 신장하는데 공헌할 임무를 자발적으로 수행하는 정신이다. 시민정신은 개인보다는 공동체의 가치를 우선으로 하는 정신이다. 또한 시민정신은 공익Public Interest 우선 정신이라고 볼 수 있다. 권리를 주장하기에 앞서 공익을 위한 의무 이행에 솔선수범하는 정신이다.

시민하면 개개인을 연상하지만 개인이 아닌 기관시민Corporate Citizen도 있다. 이는 시민의 개념을 개인에게만 국한하는 것이 아니라 회사나 단체 등 법인체에도 적용하는 것이다. 도시공동체의 크고 작은 단체나 회사들이 지역공동체에 적극적으로 참여하고 공헌하여야 좋은 기관시민, 법인시민이 되는 것이다.

오늘날 도시공동체는 개인을 단위로 하는 구조에서 나아가 기관 및 단체나 회사들의 영향력이 압도적으로 높아지고 있다. 앞으로 기관시민 Corporate Citizen의 역할이 점차 중요해지고 있다.

높은 경제수준이나 높은 교육수준은 행복한 사회를 만드는데 필요조건은 되지만 충분조건은 되지 못한다. 부와 지식이 공동체 의식의 에너지가 되어야 하며, 공동체 의식이 성숙되고 행복한 사회를 만드는 엔진이 되어야 한다. 우리나라는 2020년 1월 급습한 '코로나19' 사태에서도 전 세계가 부러워하는 'K-방역'으로 회자되기도 하였다. 우리에게는 공동체 의식이 잠재되어 있음을 보여주는 단적인 사례이다. 잠재되어 있는 공동체 의식을 어떻게 발현시키도록 할 것인가가 주어진 과제이다. 『도시공동체의 속살』이 현재 우리가 처해 있는 실상을 되돌아보고 보다 성숙한 도시공동체로 나아가기 위한 계기가 되었으면 바람이다.

『도시공동체의 속살』에 등장하는 주제는 현재 사회적으로 쟁점이 되고 있는 주제 및 필자가 주로 대학에 있으면서 신문이나 정기간행물의 칼럼이나 시론 등으로 기고한 글이 바탕이 되고 있다. 이 글들은 도시의 고민거리가 되는 주제들을 중심으로 현재의 시점에서 재조명해 보고 있다. 이 책의 제목을 무엇으로 할까 고민하다 『도시공동체의 속살』로 하였다. 언론기관에서는 주로 사회적으로 이슈가 되는 부분에 대하여 필자에게 원고를 의뢰하였기에 도시공동체의 민낯이나 속살이 어울릴 것 같았기 때문이다.

이 책은 네 부분으로 구성되었다. 첫째는 '도시정치와 시민행복'이다. 1991년 지방자치제가 부활한 이후 지방정부에서도 정치공간이 확장되었다. 물론 중앙정치와 맞닿아 있긴 하지만 도시공동체의 정치공간이 매우 중요한 요소로 자리하고 있다. 여기서는 선거주기 조정을 통해 책임정치가 구현될 수 있는 방안, 선거 때마다 제기되는 복지포퓰리즘에 대한 성찰, 도시공동체에서 끊이지 않고 있는 갈등양상, 수도권 4개 도시의 단체장들의 정치지향, 기관대립형 지방정치 권력구조에 따른 집행기관과 의결기관 간 갈등양상 등을 중심으로 다루고 있다.

둘째는 '함께하는 공생도시'이다. 좋은 도시공동체는 나만이 행복한 도시가 아니라 우리 모두가 행복한 도시여야 한다. 수익지향적인 자본주의 경제에서 한걸음 더 나아가 수익을 도시공동체와 함께 공유할 수 있는 보노보 경제, 논란의 중심에 있는 기본소득, 일본의 토가무라를 통해 본 지역공동체의 발전모습, 생활체육과 엘리트체육이 함께하는 도시공동체, 자긍심이 충만한 공동체 만들기 등이 핵심 주제이다.

셋째는 '도시공동체의 속살'이다. 여기서 다루는 내용은 시민정신과 공동체의식, 도시마을 가꾸기, 도시의 정체성Regional DNA, 도시공동체를 살리는 길, 도시정부 호화청사의 민낯, 도시국가화에 따른 지방소멸에 대한 대안 등을 살펴보고 있다.

넷째는 '도시공동체의 혁신과 변화'이다. 행복한 도시공동체가 되기 위해서는 지속적인 혁신이 이루어져야 한다. 여기서는 도시경쟁력의 바탕이 되는 혁신의 요체, 신뢰사회와 도시정부의 역할, 부천시의 도시혁신사례, 혁신의 바탕이 되는 인력관리, 공공서비스에 대한 시민평가, 기업경영과 도시경영이 주는 메시지 등을 다루고 있다.

마지막으로는 '도시공동체의 미래'이다. 사회는 변화와 혁신을 거듭하고 있다. 제4차 산업의 도래는 도시의 시·공간의 모습을 급속도로 변모시키고 있다. 여기서는 디지털 혁명으로 초래될 향후 도시의 모습, 특히 앞으로 도래할 스마트도시를 중심으로 살펴보고 있다.

이 책이 출간하는데 많은 분들의 도움이 함께 하였다. 이시화 평택대학교 교수님은 이 책 구성의 기본골격을 잡는데 큰 도움을 주었는데 독자에게 편하게 다가갈 수 있도록 제시해준 많은 의견들이 큰 힘이 되었다. 김광중서울대학교 교수님은 제대로 다듬어지지 않은 초고를 읽고 세심한 보완·수정의견을 주어 이 책의 완성도를 높일 수 있었다. 서울연구원의 신창호 박사님은 도시문제와 관련된 정책이슈들에 대하여 많은 고견을 주셨다. 이 책의 전반적인 얼개를 잡는 데는 방송대학교의 문병기 교수님의 의견이 큰 도움이 되었다. 또한 편집과 관련 자료 협조에 도움을 준 서울시 용산구청의 최송이 박사님, 서울시의회의 강상원 박사님, 박태헌 전문위원님께도 감사를 드린다.

 인간은 누구나 행복한 삶을 추구한다. 만약 불행이 없다면 행복을 체감할 수 있을까. 행복과 불행은 늘 함께 해야 할 동반자관계이다. 신간이 출간되는 것은 가슴 뿌듯하고 행복한 순간이다. 이 즐거움이 있기에는 주위 여러분들의 도움이 큰 힘이 되었다. 필자에게 학문과 미국 유학의 길을 열어주신 전)미국행정학회ASPA 회장님을 역임하시고 애크론대학의 명예교수

이신 조용효Y. CHO 박사님의 은혜를 잊을 수 없다. 최근 시카고에서 은퇴자들의 천국인 플로리다로 이주하셨는데 편안하시고 건강한 노후를 보내셨으면 하는 바람이다. 책을 발간한다는 핑계로 워킹 맘으로 항시 바쁜 집사람을 크게 도와주지 못한 것이 마음에 걸린다. '카페 57번가'에서 편하게 글을 쓰도록 배려해 준 아들의 노고도 큰 힘이 되었다. 수원에서 금년 초까지 아버지와 2년여를 함께 지낸 딸과 사위에게도 고마움을 전한다. 또한 못난 자식을 위해 늘 노심초사하시던 하늘나라에 계신 본가 및 처가 부모님들과도 이 즐거움을 나누고 싶다. 감사하고 고맙습니다!!

2021년 12월 '송현동 57번지'에서

한들 **최 병 대**

제 1 장

도시정치와 시민행복

제1장 도시정치와 시민행복

- 도시공동체의 행복시작은 바로 선거야!
- 선거와 복지포퓰리즘, 그 고통과 책임은?
- 공동체의 갈등출발은 '6'자와 '8'자 차이
- 도시의 뿌리와 정체성, 누가 만들어 가나?
- 이제 주민도 똑똑해야 한다, 화성시의 무료버스 운행
- 도시공동체의 정체성을 살리는 구역개편이 되어야
- 집행기관과 의결기관 갈등의 피해자는?

제1장 도시정치와 시민행복

• 도시공동체의 행복시작은 바로 선거야!

민주주의의 바탕은 바로 선거.
그런데 선거철만 되면 갈등의 골만 깊어지는 듯
임기가 보장되니 내로남불이 만연
해법을 찾아야 되지 않겠는가?

2022년 6월에는 4년 임기의 4대 동시 지방선거가 기다리고 있다. 게다가 지방선거에 앞서 3월 9일에는 5년 단임의 대통령선거가 있어 벌써 선거예열이 가시화되고 있다. 도시문제를 얘기하다 뜬금없이 선거이슈를 얘기하는지 궁금할 수도 있다. 하지만 이는 지방자치가 부활하면서 도시정부의 살림살이를 책임질 지도자인 시장이나 지방의원들의 역할이 막중하기 때문이다.

지방선거는 정당공천제가 근간이 되고 있기 때문에 지방선거는 국가선거와 직결되어 있다. 훌륭한 지도자를 선출해야 도시 살림살이가 한층 윤택해질 수 있다. 지방자치가 부활한지 30년이 되었지만 선거제도에 대한 논란은 여전하다. 특히 내년 지방선거는 내년 초 대통령선거와 맞물리면서 선거열기는 더욱 뜨거워져 가고 있다. 이번 기회에 지방선거뿐만 아니라 대통령선거 및 국회의원선거제도까지 되짚어보면서 대립과 갈등이 횡행하는 선거가 아니라 화합과 통합 및 책임을 물을 수 있는 선거가 되는 방안을 찾아야 한다. 이를 위해 여러 가지 관점에서 조망할 수가 있겠지만 책임정치구현이라는 맥락에서 여기서는 선거주기를 중심으로 살펴본다.

지금껏 계속해서 선거는 치러 왔지만 되돌아보면 이념 간, 지역 간, 계층 간, 세대 간, 젠더 간 갈등이 사라지거나 감소하기 보다는 증가하는 경향이다. 선거철만 되면 반짝 유권자들의 눈치를 보다 당선되어 임기를 보장받으면 보고 싶은 것만 보고 보기 싫은 것은 내팽개치는 전형적인 내로남불 행태를 보이고 있다. 지난 대통령선거 때도 5년 단임제 대통령제의 폐해를 지적하면서 여야 모두 개헌을 약속하더니 선거가 끝나자마자 실종되었다. 다시 내년 3월 대통령선거가 다가오니 국회에서 개헌특별위원회를 만드는 등 부산을 떨고 있다.

이번 기회에 우리나라 선거제도주기에 대한 근본적인 성찰이 필요하다. 현행 선거제도에 대한 문제점으로는, 첫째로 중간평가 부재로 인한 폐해이다. 선거철에만 잠간 유권자 눈치를 살피다 선거가 끝나면 마이 웨이이다. 철두철미 임기가 보장되다 보니 임기 중 온갖 구설수에 휘말리더라도 마땅한 제재방법이 없다. 사법적 제재수단이 있긴 하나 워낙 장시간 소요되어 실효성 확보에는 한계가 있다.

둘째는 임기제도의 부조화이다. 현재 대통령의 임기는 5년 단임제홀수제, 국회의원과 지방선거 선출직의 임기는 4년짝수제이다. 임기가 홀수와 짝수로 엇갈리다엇박자보니 예측가능성이 떨어지고 혼란이 가중된다.

셋째는 **연임제한**[1]에 대한 문제이다. 지방자치단체장은 지방자치법 제95조에 의하여 연임은 3기에 한하는 제한을 두고 있다. 그 외에는 연임제한이 없다.

넷째는 현재의 선거제도가 책임정치를 구현하는데 한계가 있다는 국민들의 인식이다. 선거는 지속적으로 치러지지만 정치권에 대한 불신은 여전하다. 우리나라에서 가장 불신 받고 있는

---

1) 국회의원의 연임제한에 대하여 정치권의 반발이 예상된다. 정치선진화를 위해서는 불가피하다. 정히 어려우면 정치권이 국민 과반수의 신뢰를 득할 때까지 한시적으로도 도입하는 것도 대안일 수 있다. 국회의원의 3선연임 제한에 대해서는 다음의 자료를 참조; 최병대, '제21대 국회에 바란다 - 이제는 K-Politics다', 자치의정, 지방의회발전연구원, 2020년 9-10월호, 제23권 제5호.

집단이 정치권이라는 인식이 이를 방증하고 있다.

마지막으로 선거가 끝나자마자 선거소송 등으로 이어지고 **선출직 공직자의 약 20~30%정도가 사법적 판단에 의해 보궐선거가 치루어지며** 보궐선거에 소요되는 선거비용은 모두 국민들과 시민들의 부담으로 돌아간다. 지난번 서울시장과 부산시장 보궐선거로 인하여 지출된 선거비용만도 무려 823억 원으로 시민들의 혈세가 낭비된 셈이다자료: 중앙선거관리위원회.

> Tips; 7.4 보궐선거 비용: "서울시장 570억, 부산시장 253억"
>
> 서울시장과 부산시장을 비롯한 19곳 지자체 및 지방의회 재보궐선거가 4월 7일 예정된 가운데, 이들 선거 비용으로 총 932억900만원이 소요될 것으로 확인됐다. 8일 중앙선거관리위원회가 공개한 '4·7 재보궐선거 경비' 자료에 따르면 서울시장 보궐선거에 570억9천900만원, 부산시장 보궐선거에 253억3천800만원이 드는 것을 비롯해 이같은 선거 비용이 투입될 것으로 나타났다.
> 간단히 보면, 유권자 수만큼 비용도 많이 든다고 볼 수 있다. 그래서 우리나라에서 인구수로는 1, 2번째 가는 특별·광역시인 서울시장과 부산시장 보궐선거 비용을 합산하면 824억3천700만원으로 전체의 88.4%를 차지한다자료: 매일신문, 2021-02-08. 그럼에도 불구하고 보궐선거를 야기한 정당은 전혀 책임을 지지 않으며 그 부담은 오로지 시민들의 몫으로 귀착되고 있다.

이러한 문제를 **어떻게 극복**할 것인가가 우리들에게 주어진 과제이다. 해결을 위한 첫 번째 대안은 **책임정치 구현**이 가능하도록 **2년을 단위로 중간평가**가 이루어지도록 해야 한다. 선거주기를 조정하도록 해야 한다. 우선 지방선거를 광역과 기초로 나누어 임기가 엇갈리도록 치르게 한다. 즉 4대 동시선거를 분할하여 치르도록 한다. 국회의원도 일시에 300명 모두 선출하는 것이 아니라 1/2씩 분할하여 선출하도록 한다. 이럴 경우 비록 대통령의 임기가 6년후술이지만 2년 단위마다 정당에 대한 책임을 물을 수 있다. 이는 정당과 정치인들이 국민 눈높이에 한층 관심을 가질 수 있을 뿐만 아니라 내로남불 형태를 제어하면서 책임정치 구현에도 도움이 될 것이다. 선거가 2년 단위로 중간평가 기능을 수행할 수 있게 함으로 책임을 물을 수 있는 기제가 확보될 수 있다.

둘째는 홀·짝수의 **임기제를 짝수제로 통일**하는 것이다. 대통령 임기 5년제는 짝수제로 바꾸어야 한다. 이럴 경우 선거를 통한 중간평가가 용이하고 일정주기별로 예측가능성이 높아진다.

셋째는 대통령임기를 짝수제로 할 경우 여러 대안이 있겠지만 **6년 단임제**가 우리 현실에 부합할 것으로 판단된다. 이유로는 4년 단임제는 국정을 안정적으로 이끌기에는 임기가 짧은 편이다. 4년 중임제가 많이 논의되기는 하나 우리 현실에서는 공보다 과가 클 것이다. 왜냐하면 임기 3년차가 되면 모든 공권력이 중임을 위한 수단으로 전락하고 이로 인해 국정이 파행으로 치달을 가능성 때문이다. 6년 단임제는 어느 정도 국정을 안정적으로 운영할 수 있는 임기가 보장된다는 장점이 있다.

넷째는 대통령에 대한 임기제 개편은 헌법개정사항이다. 헌법개정 시 가능한 한 이슈를 단순화해야 하며 불가피할 경우 **임기제 조정만을 대상으로 한 원포인트 개헌**이라도 추진해야 한다. 왜냐하면 헌법개정에 대한 이슈가 테이블에 올려지면 갑론을박 논쟁만 하다가 다시 원점으로 회귀할 가능성을 차단해야 하기 때문이다. 그동안의 헌법개정에 관한 이슈의 전철을 밟지 않도록 해야 한다. 정히 헌법개정이 여의치 않으면 법률개정만으로도 가능한 것부터 시작하는 것도 차선의 방법일 수 있다.

다섯째는 궐위 시 치러지는 보궐선거는 2년마다 치러지는 선거와 함께 치르면 **보궐선거로 인한 세금낭비도 절약할 수 있**다. 사법적 판단에 의해 보궐선거가 치러지는 경우에 귀책사유가 있는 해당정당은 후보자를 공천하지 못하도록 해야 책임정치가 구현될 수 있다.

여섯째는 **연임제한제도의 도입**이다. 지금 국민들로부터 가장 불신을 받는 집단이 정치권이다. 정치권이 국민들로부터 과반수의 신뢰를 얻을 때까지 한시적으로도 연임제한을 검토할 필요가 있다.

마지막으로 이상에서 제기한 이슈들은 미리 국민들에게 알릴뿐만 아니라 적극적으로 소통하고 공감대를 형성하는 노력을 게을리 해서는 아니 된다.

선거는 민주주의의 꽃이다. 파행으로 치닫는 선거가 아니라 국민들의 아픈 상처를 보듬어주는 선거가 정착되어야 한다. 꽃이 피는 선거가 되기 위해서는 **3위1체가 되어야** 한다. 바로 **국민, 정치인, 제도**이다. 먼저 국민이 현명해야 한다. 정치수준은 국민의 수준과 직결된다. 유권자들은 올바른 정치인을 판별하는 능력을 지녀야 한다. 비록 한두 번 잘못된 판단을 할 수 있을지라도 2년마다 선거를 경험함으로써 유능한 정치인을 판별하는 역량이 함양될 수 있다. 이는 2년 주기적으로 치러짐에 따른 선거비용을 보전하고도 남음이 있다. 지금까지 정치인들은 국민들을 감언이설로 속이거나 유권자들을 현혹하는데 여념이 없었다고나할까. 표를 동냥하는 정치꾼이 아니라 유권자 눈높이에 부응하는 정치인이어야 한다.

정치가 지금까지와 같은 '내로남불' 정치가 아니라 '**국로정불** 국민에게는 로맨스지만 정치인에게는 고통과 불행이 따른다는 의미에서 불행' **정치**여야 한다. 즉 국민을 위해 살신성인하는 정치인이어야 한다. 이를테면 국회의원도 자치단체장과 같이 3선 연임 제한을 하도록 하는 것 등이다. 3선 이후에는 평범한 소시민으로서 현장에서 보통 사람들의 민생을 몸소 체험함으로써 초심으로 돌아가 보다 충실한 의정 활동을 할 수 있는 계기가 마련될 수 있다. 이런 정치라야 국민들은 정치인에게 신뢰를 보낼 것이다. 다음으로는 제도에 관한 문제이다. 선거가 1회성 효과로 끝나는 것이 아니라 선거효과가 지속적으로 작동하도록 해야 한다. 정치집단을 2년 단위로 모니터링하여 책임정치를 구현하도록 해야 한다. 선거제도가 초래하는 역기능보다는 순기능이 작동되는 제도가 구축되어야 선거가 선순환 구조로 이어지고 정치문화도 선진화되어 갈 것이다. 결국 도시공동체의 행복은 훌륭한 정치인을 뽑기 위한 선거로부터 출발한다.

현재 대한민국은 6.25 전쟁의 잿더미에서 일어나 선진국의 문턱을 넘었다. 2017년에 "30-50 클럽"에도 진입하였다. 2021년 7월 유엔무역개발회의 UNCTARD에서는 공식적으로 대한민국의 지위를 '개발도상국'에서 '선진국'으로 변경하였다 한국경제, 2021. 7. 14. 세계 제2차 대전이후 지구촌에서 대한민국의 전철을 경험한 국가는 없다. 글로벌 무대에서 한국의 위상이 유감없이 발휘되고 있다. K-Pop, K-Culture, K-방역 등이 일례다.

이제 유일하게 남은 분야가 낙후된 정치문화이다. 지역과 집단, 세대 간 갈등을 조장하고 내로남불 정치가 만연하는 정치와 단절해야 한다. 바로 'K-정치', 즉 **'K-Politics'로 재탄생**해야만 한다. 이럴 경우 대한민국은 세계에서 선진국 중에서도 앞자리를 점할 것이다. 이는 국민과 정치인, 제도가 잘 어우러져야만 가능한 것임을 명심하자!

> Tips; 정치는 신뢰다, 힐마 무어시장은 2년 임기 시장선거에 무려 32번이나 연속당선!
>
> 미국 텍사스주 인구 1만2천명의 리치먼드시의 힐마 무어시장은 무려 63년 동안이나 시장으로 봉직하였으며, 2012년 12월 92세로 시장재임 중 작고하였다. 1949년 9월 보궐시장을 뽑는 집회에 참여했다가 시장에 추대되었다. 이때부터 2년 임기의 시장에 32번이나 연속으로 당선되는 진기록을 수립하였다. 시장 재직 중인 2008년에는 무어시장의 공적을 기리기 위하여 시청 앞에 동상을 세우기도 하였다중앙일보, 2012. 12. 11.
> 재직 중 무어시장은 한 번도 이권문제로 논란을 빚은 적이 없을 뿐만 아니라 공과 사를 철저히 구분하였다. 그는 인터뷰에서 당선비결이 무엇이냐는 질문에 하나는 내가 할 수 있는 것만 약속하는 것이고, 다른 하나는 거짓말을 하지 않는 것을 철저히 준수하였다는 것이다. 선거의 계절이 다가오면서 우리의 선거 모습을 되돌아보는 계기가 되었으면 바람이다.

• 선거와 복지포퓰리즘, 그 고통과 책임은?

> 선거철의 단골메뉴는 복지!
> 그런데 복지란 받기만하고 주는 것은 없는 것으로 착각
> 받기 위해서는 누군가는 주어야만 하는데 -
> 그럼 속이고 속는 것인가?
> 언젠가는 누군가에게 부담으로 다가 오겠지?
> 그러기 전에
> 모두 함께 지혜로운 해법을 찾아야 하는데 -

대한민국 사회는 변화에 변화를 거듭하며 변모해가고 있다. 급속도로 변화하는 사회에 미처 적응할 준비가 안 된 채 변화의 수렁으로 내몰린 현대인에게 통제불능의 스트레스가 급습해오고 있다. 이미 '평생직장'은 생소한 어휘가 되었으며 사오정, 오륙도란 얘기도 철지난 용어가 되었다. 고령사회의 도래로 조기 은퇴한 퇴직자들은 나름대로 예상치 못한 인생 2모작이 끝나기도 전에 인생 3모작을 준비해야하는 부담감에 직면해 있다.

이러한 고민들을 공유하며 상당히 오랫동안 친목모임을 다져온 어느 은퇴자 모임에서 있었던 일이다. 한 전직 은행지점장이 사금융을 운영하면서 친목모임의 회원들을 대상으로 시중은행의 금리보다 고율의 이자를 지급하면서 투자자들을 끌

어들였다. 투자자들은 신망 높은 전직 지점장을 믿고 높은 이자를 받는 재미에 빠져 자신들뿐만 아니라 주변 지인들에게도 투자를 권유하였다.

사금융을 운영하는 대표는 고급외제차에 세계일주 여행을 하는 등 회사의 성장세를 투자자들에게 알리기에 여념이 없었다. 그러다가 어느 투자자가 원금회수가 필요하여 원금을 회수하는 과정에서 이미 원금은 고사하고 앞으로 이자까지도 받을 수 없는 상황에 직면하였다. 매월 몇 푼의 이자 더 받는 재미에 탐닉하다 자신의 전 재산뿐만 아니라 지인들의 돈 수십억 원까지 송두리째 날리는 신세로 전락한 사람이 한둘이 아니다. 인생 3모작에 대한 대비를 꿈꾸다 3모작은커녕 이제 인생 2모작도 제대로 지키기 어려운 신세로 전락하였다.

선기 때만 되면 각 정당 및 출마후보자들은 장밋빛 선심공약으로 국민들을 현혹하고 있다. 우리나라의 지난 대통령선거에서 핵심 키워드는 시대에 따라 변모하고 있다. 6.25전쟁과 사회적 혼란으로 인한 가난으로부터 벗어나고자 발버둥치고 있을 즈음에 등장한 키워드는 "배고파서 못살겠다, 죽기 전에 갈아보자" 등과 같은 가난탈피가 핵심이었다. 이어 등장한 것이 독재와 유신으로 인한 민주화에 대한 열망으로 민주화열기가 대신하였다. OECD에 가입하는 등 가난과 민주화가 어느 정도

진척을 보이자 등장한 것이 바로 양극화문제의 등장과 그 해소, 즉 복지논쟁으로 이어지고 있다. 선거 때마다 각 정당은 장밋빛 복지공약을 쏟아내었다. 무상보육, 무료급식, 반값등록금, 군인 병사들의 파격적인 봉급인상 등 앞으로 복지공화국을 예고하고 있다. 이미 어느 지방자치단체는 0~2세를 대상으로 하는 유아복지예산이 바닥나 복지서비스 중단을 선언하고 나서기도 하였다.

하지만 그 많은 복지예산을 어떻게 조달할지에 대한 구체적인 대답은 없다. 기껏해야 상위 1%에 대한 부자증세, 금융과세 금액의 조정 등이 고작이며, 이로서는 필요한 복지예산에 '새발의 피'일뿐이다. 복지예산을 조달하는 방법은 크게 두 가지 방법뿐이다. 하나는 추가로 필요한 복지예산만큼 세금을 더 걷어 들이는 방법이고, 다른 하나는 그동안 다른 곳에 투자하는 예산을 줄이거나 없애고 복지예산으로 전환하는 방법이다. 이 두 가지 방법은 모두 국민의 고통동참 및 고통나누기가 전제되어야 한다. 그러나 그 어느 누구, 어느 정당도 고통분담은 애써 외면하고 있다.

국민들은 이러한 사실들을 아는가, 모르는가? 우선 무상으로 모든 시혜를 베푼다고 하니 굳이 반대할 까닭이 있겠는가? 우선 내 호주머니를 채워준다고 하니 그 누가 반대하겠는가. 하지만 앞서 살펴본 사금융 사례에서와 같이 우선 달콤한 이자 몇 푼 더 받는 재미에 도취하다가 어느 순간 돌이킬 수 없는 파멸로 내몰릴 수 있음을 아직도 전혀 예감하지 못하고 있으니 딱한 일이다. 일방적인 복지증대에 따른 후유증으로 고통을 겪은 국가들 중 대표적인 나라가 영국과 뉴질랜드이다.

> Tips: 복지병과 IMF 구제금융영국
>
> 오늘날 세계자본주의를 움트게 했던 영국이 복지만능주의에 탐닉하다 결국 국가부도위기사태에 직면하여 IMF 구제금융으로 가까스로 위기사퇴를 모면한 전례를 타산지석으로 삼을 필요가 있다. 영국은 1976년 5월을 기점으로 시작한 통화 위기로 인하여 1976년 9월부터 IMF 관리체제에 들어간 쓰라린 경험이 있다. 노동당의 캘러헌 수상이 재정금융 위기관리에 대한 책임을 지고 물러나며 정권을 보수당의 마가렛 대처에게 넘겨주었던 1979년이 영국 정부개혁의 원년으로 기록된다. 대처 수상은 영국정부의 무능과 비효율성을 '기생충 같은 정부'라는 한마디로 압축하며 재정위기에 빠진 영국 경제의 회복을 위해서는 정부개혁이 1차적인 과제임을 강조하였다.
>
> 통상 대처리즘으로 불리는 정책기조는 복지만능주의에 대한 철퇴와 경쟁입찰제도의 의무화, 비용대비 효과 극대화 정책, 그리고 책임운영기관제 도입 등 정부혁신의 고전이라 할 여러 가지 대안을 입안하고 집행하였다. 특히 노조의 격렬한 반대에도 불구하고 국영 통신, 가스, 항공, 철도British Telecom, British Gas, British Airway, British Rail 등을 민영화하며 전통적으로 공공재화라고 여겨져 왔던 국가 기간산업을 매

> 각함으로써 공공부문을 시장원리에 따라 경쟁에 개방하는 획기적인 조치를 취하였다. 이와 같이 영국복지병을 치유하기 위해 '철의 여상'이란 닉네임을 지닌 대처수상이 등장하여 한동안 영국 국민들은 엄청난 고통을 겪을 수밖에 없었다.

국가차원에서 뿐만 아니라 지방정부차원에서도 이러한 현상이 발생하였다. 이웃 일본 동경도의 경우에서도 「복지도정」을 부르짖으며 동경도지사에 당선된 미노베지사는 1967년부터 1979년간 12년 동안을 각종 선심성 복지공약으로 동경도민들의 지지를 받았다. 각종 공공요금의 인상을 억제하고 시혜적인 복지를 제공하는 미노베지사에 대하여 동경도민은 무한 신뢰를 보냈다. 하지만 10여 년이 경과하자 더 베풀고 싶어도 더 이상 베풀 예산이 바닥나 버렸다. 즉 곳간이 비기 시작하면서 살림살이가 궁핍해지기 시작하였다.

결국 미노베지사는 보수주의자인 스즈끼지사1979-1991에게 자리를 물려주게 되고 이때부터 텅 빈 곳간을 채우기 위해 허리띠를 졸라매는 고통을 감내해야만 하였다. 경비절약을 위해 인력을 감축하고 공공요금을 현실화하고 복지도 공짜가 아닌 유료화하여 고통을 분담토록 하였다. 늘 향유하고 즐기기만 할 줄 알았던 복지가 어느 순간 되돌릴 수 없는 고통으로 다가와 있음을 깨달았을 때는 이미 늦어버렸다표 1-1 참조.

〈표 1-1〉 동경도 미노베 지사와 스즈키 지사의 도쿄도정東京都政의 운영 실태 비교

구 분	미노베 료키치 (美濃部亮吉: 1967~1979)	스즈키 순이치 (鈴木俊一: 1979~1991)
리더 유형	카리스마형	실무형, 합리주의적
정당 배경	사회당+공산당+(공명당 '75)	자민당
자치 제도	자치권 확대 주장	기존 자치 제도 준수 노력
주민과의 관계	참여 도정의 구현 주장	단체대표자 중심과 대화 치중
정책 기조	이상주의 추구형	현실주의 추구형
재정 운영	소프트웨어 중시, 복지 도정 구현	하드웨어 중시, 도쿄 개조 주장
중점 정책	공해·복지·교육에 중점	마이타운 도쿄 건설(도시개조)
공공 요금	상수도·버스 등 공공요금 억제 기조	수익자 부담 원리 및 적정부담주의, 복지의 유료화
인사 운용	복지·교육 인원 확대, 발탁 인사	인력의 감축관리, 연공서열식 인사
노동조합과의 관계	노조에 크게 의존	노조와 자주 대립
중앙정부와의 관계	대결형(3할 자치 탈피 노력)	협조형
긍정적인 평가	자치체가 국가보다 앞서 선도적 정책형성 지향	법률 범위 내 안전 운전 지향, 재정 재건 지향
부정적인 평가	방만한 재정, 인기 영합 행정	도시 개조, 개발 지향적인 도정 운영

출처 : 서울시정개발연구원(역), 「동경도청: 또 하나의 정부」(1994)에서 발췌하여 정리;
최병대, 「자치행정의 이해」(2008), 대영문화사, 34.

문제는 복지는 받을 때는 달콤하지만 어느 훗날 살을 에는 고통으로 다가올 수 있다는 것을 미처 체감하지 못한다는 사실이다. 그 고통이 현실화 되었을 때는 이미 엎어진 물이 되어버려 되돌릴 수 없다는 점이다. 이 세상에 부담없이 누릴 수만 있다면 그 얼마나 좋으련만, 장밋빛 복지공약의 이면에는 또 다른

고통이 함께하고 있다는 사실이다. 앞서 인생 3모작에 대비한다고 고율의 이자를 미끼로 사금융을 운영하는 사기꾼에게 전 재산인 거금을 맡겨 어느 순간 이자는 고사하고 원금도 한 푼 건질 수 없는 비참한 신세로 전락한 것과 유사하다.

정치인들은 대학을 진학하지 않는 청춘들에게 세계여행 경비 1천만 원을, 군 제대 때 사회출발자금 3천만 원을, 생애 최초 집구입하는 젊은 계층에게 1억 원을 지급하자고 한다중앙일보, 2021. 5. 6. 또한 최근 대전 대덕구에서는 오는 10월부터 초등학교 4-6학년 학생에게 매월 2만원씩 용돈을 주기로 했다뉴트리션, 2021.06.18; 중도일보, 2021. 8. 8. 이어진 수순은 훤히 보인다. 왜 1-3학년들에게는 용돈을 안주는지?, 그럼 중·고등학생들은 용돈이 필요없는지? 당연히 앞으로 용돈시리즈가 등장할 참이다.

복지는 필요한 대상과 계층에게 도움이 되도록 지원함이 마땅하다. 특히 현금복지와 관련하여서는 표만 의식하는 정치인들에게 복지포퓰리즘에 대해 다시 한번 진중하게 생각해 보고 순화하기 위해서라도 새로운 복지제도를 창안(?)하는 정치인들에게 의무적으로 본인 스스로 해당금액 또는 해당금액의 일부만이라도 시범적으로 선납토록하면 어떨까? 정치인이 먼저 자기 호주머니를 통해 솔선수범하는 모습을 보여야 진정성이 담겨 있지 않을까! 그럼 복지포퓰리즘이 완화되거나 필요한 복지, 진정한 복지가 제대로 자리 잡는 계기가 될 수도 있을 것이다.

선심성 복지공약의 더 큰 두려움은 한번 맛을 본 복지는 문제가 있다고 해서 다시 원점으로 되돌릴 수가 없다는 점이다. 이는 결국 서서히 곪기 시작하여 곪아 터지고 나서야 만이 원점으로 회귀하던지 아니면 그에 상응하는 처방을 할 수 있기 때문이다. 그러나 이 경우에 우리 모두는 상상할 수 없을 정도의 엄청난 고통을 겪어야만 한다.

참된 복지란 함께 동참하는 복지, 고통을 서로 나누는 복지가 진정 우리 모두를 위한 복지다. 선거철만 등장하는 복지만능주의! 이제라도 장밋빛 선심공약인지를 냉철히 되짚어보고 국민을 현혹하는 정당이나 후보자에게 책임을 지우도록 해야 한다. 선거 때마다 복지를 주창하는 정당이나 후보에게는 구체적 실현가능성이 있는지 꼼꼼히 따져 보아야 한다. 결국 유권자들의 소중한 한 표가 복지문제의 해결을 위한 지름길임을 명심하고 투표권을 행사하여야 후일 가래로 막아야 할 일을 삽으로도 막을 수 있다.

• 공동체의 갈등시작은 '6'자와 '8'자 차이

갈등이 없는 공동체, 사회, 국가가 존재할까?
갈등은 극복의 대상인가, 파멸의 지름길인가?
우리가 처한 갈등은
과연 어디로 가고 있는가?

고려가 망하고 조선건국의 밑그림을 그린 삼봉 정도전이 사헌부司憲府, 사간원司諫院, 홍문관弘文館의 삼사三司를 만든 이유는 무소불위의 권력남용을 방지하고 권력의 건전한 긴장 및 갈등관계를 구축하여 국가발전을 위한 동력으로 삼고자 함이었다. 14세기 말 절대권력의 왕권국가 하에서 권력의 견제와 균형의 원리를 설계한 정도전의 지혜가 놀랍기만 하다.

게다가 조선왕조의 최대 성군인 세종대왕은 집권 32년 동안 약 2,000회의 경연을 실시하여 연간 약 60회, 매주 평균 1회 이상 대신들과 경연을 통해 백성이 살기 좋은 나라를 만들기 위해 국정을 논하고 지혜를 모으기 위해 심혈을 기울였다. 마지막에는 눈까지 실명할 정도에 이르렀다.

임금이 매주 나라의 고민을 논의하고 토론하는데 어느 정승이 권력만 탐하고 자리만 지키며 자기소임을 게을리 하겠는가! 그 전통이 이어져 온 덕분이었는지 모르지만 지구촌 국가들 중에서 한 왕조가 500여 년을 장수한 사례를 찾기가 쉽지 않다.

14세기에 삼봉 정도전이 추구했던 권력의 건강한 긴장관계가 21세기의 대한민국에서 얼마나 국가발전을 위한 동력으로 자리매김하고 있는지 자못 의심스러울 뿐이다.

　도시행정 및 지방자치를 전공하는 교수였던 관계로 도시정부에 자문할 일로 자주 시청사를 방문하게 된다. 시청사를 방문할 때마다 플랫카드를 들고 꽹가리 등을 치는 데모대를 안본 적이 거의 없다. 도시란 공간은 갈등의 진원지이면서 해결소인 셈이다. 결국 도시란 공동체는 갈등의 씨앗을 뿌리기도 하고 또한 갈등을 해결해야 하는 것이 도시공동체의 숙명이다. 이러한 갈등은 도시공동체에 있어서보다는 국가차원에서는 한층 더 심각하다. 대한민국 헌법 1조에서 천명하고 있는 "대한민국은 민주공화국이다."의 가치지향이 부끄러울 따름이며, 최순실 사태와 박근혜 대통령탄핵, 조국사태에 이어 성남시 대장동사태까지 연이어 전개 되고 있는 사회적 갈등은 '대한민국은 갈등공화국'이라고 칭해야 마땅하지 않을까 하는 자괴감이 앞선다.

　세월호 참사에서부터 최순실의 국정농단사태, 박근혜 대통령의 탄핵을 둘러싼 촛불집회와 태극기집회 세력은 매 주말마다 서울 도심부를 마비시키더니 광화문 광장과 서울 광장을 점거한 채 긴장감을 이어갔다. 결국 박근혜 대통령은 서울구치소에 수감되는 영어圄圄의 신세로 전락하였다. 이어 2017년 등장한 문재인 정부는 조국사태에 이어 추미애 법무부장관과 윤석열 검찰총장 간의 갈등추-윤갈등으로 국정이 마비되고 갈등의 끝판왕인 듯한 모습이었다.

14세기 조선시대에도 존재했던 건전한 권력의 긴장관계가 21세기 민주국가에도 제대로 작동 하지 않는 이유는 뭘까? 누구의 탓일까? 과거의 역사는 후대를 살아가는 사람들의 나침판과 반면교사가 되어 발전하게 된다. 과거의 조악粗惡한 제도도 세월이 흐르면서 보다 발전되고 정교한 제도와 시스템으로 구축되기 마련이다. 그럼에도 불구하고 오늘 우리의 현실은 이와는 사뭇 다르다. 지금 우리 앞에 전개되고 있는 갈등의 양상은 대한민국이란 배대한민국호를 블랙홀로 빨아들일 정도의 위기감으로 고조되고 있다.

대한민국호를 파멸로 치닫도록 내버려 둘 것인가? 이제 우리 모두가 위기에 처한 대한민국호를 구해야만 할 지혜와 용기가 필요한 시점이다. 이념·집단·지역·계층·세대·젠더 간 갈등이 없는 사회, 갈등 없는 국가는 없다. 서로 상충되고 상호 대립 되는 의견은 긴장과 갈등을 유발하지만 이 때문에 인류의 역사는 진화하고 성장·발전해 왔다. 갈등이 파멸이 아니라 발전을 위한 동력이 되도록 되기 위해 과연 우리는 어떻게 해야 할 것인가?

무엇보다도 먼저 과거의 잘잘못을 탓하는 굴레에서 벗어나야 한다. 이는 갈등을 해결하는 방안을 모색하기보다는 오히려 갈등을 부추기는 진원지가 되며 문제의 극복을 더욱 어렵게 하는 요인이 될 수 있기 때문이다. 이제는 지난날의 상처는 상처대로 백서 등과 같이 객관적 사실에 기반을 두어 정확하게 기록으로 남기는 데 치중하고, 앞으로는 이를 거울삼아 향후 발전을 위한 동력으로 활용할 수 있는 지혜를 모아야 할 시점이다.

둘째는 내 주장만 할 것이 아니라 상대방의 의견을 경청하고 받아들일 수 있고 이견을 수렴할 자세를 가져야 한다. 대화의 기술에 '6 대 4'의 법칙이 있다. 이는 우선적으로 6할 정도는 상대방의 얘기에 귀 기울이고 받아들일 준비를 해야 한다는 의미이다. 이는 갈등이 증폭되기보다는 수렴될 수 있는 첩경이기 때문이다.

마지막으로 실종된 건전한 긴장관계가 복원되도록 해야 한다 몽테스큐가 3권 분립을 주장한 까닭이 있다. 민주공화국에서 권력의 독점은 존재할 수도 없고 존재해서도 안 된다. 선거가 마치 권력의 '전부 아니면 전무 All or Nothing 게임'인 양 가면을 쓴 정치인은 더 이상 발을 붙이지 못하도록 해야 한다.

지금 대한민국이란 공동체는 갈등이란 질곡의 터널 속에 갇혀서 아우성이다. 터널은 끝이 있기 마련이다. 우리 모두의 지혜와 노력으로 하루빨리 이 질곡의 터널을 벗어나야 한다. 이제이 지긋지긋한 갈등공화국의 사슬을 끊어 버리고 진정한 민주공화국 본래의 모습으로 되돌아가자. 이를 위해 지금 나는, 우리는 무엇을 해야 할 것인가?

'6'자는 거꾸로 보면 '9', 옆에서 보면 좌·우의 위치에 따라 '6'도 되고 '9'도 된다. 다시 말하면 보는 입장에 따라 숫자가 달라진다. 그러다보니 자기입장에서 보이는 것만 보고 그것만을 주장한다. 마치 오늘의 대한민국의 현주소가 아닐까? 바로 갈등의 진원지가 되고 있다. 그럼 그동안 나는 도대체 어디에서 바라보았는지도 되돌아 볼일이다. 나의 위치에서 보이는 것을 보되, 상대방의 입장에서 어떻게 보이는지를 살펴보면 상대방을 제대로 보게 되고 이해할 수 있는 여지가 높아지기 마련이다.

반면에 '8'자는 바로 봐도 거꾸로 봐도 항상 '8'이다. 어디서 보아도 항상 '8'로 보이니 다툼의 여지가 없다. 갈등이 자리할 공간이 없다. '8'을 옆으로 눕히면 '∞'무한대가 된다. 그럼 대한민국은 '∞'무한대로 성장·발전하는 토대가 되리라! '팩트fact'는 하나일진데 자의적인 양념MSG을 덧칠해서야 되겠는가. 우리사회도 '6'자 사회보다 '8'자 사회로 가기 위해 합심·협력한다면 진짜 "팔자가 치솟는점프하는 대한민국"이 되지 않겠는가!

• 도시의 뿌리와 도시 정체성, 누가 만들어 가나?

도시 정체성과 지방정치는 상관관계가 있는가?
뿌리가 깊은 도시와 얕은 도시,
지방정치와는 어떤 관계일가?
수원시의 도시정체성은?

시골촌놈이 서울에 와서 대학을 졸업하고 서울에 살다가 과천으로 옮겨갔다. 과천에서 일산으로, 일산에서 수원으로 거주지가 바뀌어가면서 지역정체성에 대해서 궁금해지기 시작하였다. 특히 서울주변의 위성도시의 정체성이 더욱 궁금하였다. 수원과 용인, 성남, 고양시의 선출직 공직자시장과 지방의회의원들의 해당지역과의 관계를 파악해 보는 것도 재미있을 것 같았다. 지방의원들의 숫자가 워낙 많아서 우선 단체장을 중심으로 자료를 정리해 보니 재미있는 현상을 발견할 수 있었다표 1-2 참조.

선거는 지역과의 연계성에서 출발한다. 통상 지역과의 뿌리가 깊으면 깊을수록 선거에서는 유리한 고지를 선점할 수 있다. 지역과의 연계성은 출생지, 출신 초·중·고교특히 고교가 핵심요체이다. 지방자치 부활이후 4개 도시 시장의 해당지역 출신을 살펴보면 수원시는 3인의 시장 모두가 해당지역 출신이다. 반면에 성남시는 5명의 시장 모두가 성남과는 연고가 없는 타

지출신이다. 고양시는 5명의 시장 중에서 2명40%이 해당지역과 연고가 있을 뿐이다. 용인시는 7명 중에서 4명57%이 지역과의 연고가 있다.

　지역과의 연고를 중심으로 유형을 구분하면 수원시는 전형적인 토박이형에 해당되는 반면에 성남시는 외지타지형에 해당한다. 고양시와 용인시는 토박이형과 타지형이 혼합된 복합형혼합형이다. 정치인은 지역과의 연고가 득표활동에 중요한 역할을 한다. 왜 4개 도시 가운데 수원시는 유독 토박이형인데 3개 시는 타지형이거나 복합형일까? 이러한 현상은 지역정체성과 밀접한 관계가 있다. 수원시는 1794년 정조대왕의 의지에 의해 설계된 우리나라 최초의 계획도시라는 특성은 역사적 뿌리가 깊을 뿐만 아니라 지역정체성이 높다는 방증이다. 반면에 수원시를 제외한 3개 도시는 서울과밀에 따른 신도시개념에 의해 설계되었거나 위성도시로서의 역할을 맡다보니 상대적으로 지역정체성이 수원시에 비해 낮은 특성의 결과가 아닐까?

　수원은 인근 3개 도시와는 지역정체성을 살릴 수 있을 뿐만 아니라 성장 잠재적 여건이 호조건인 셈이다. 호조건의 첫째는 역사가 오래되고 뿌리가 깊으니 하드웨어도 양호하고 이야기꺼리도 풍부하다. 화성이란 문화자산은 여타도시에 비견할 바가 아니다. 게다가 역사적 문화유산이 함께하고 있는 지역이기도 하다. 두 번째는 경기도의 수부도시이다. 이미 경기도 인구가 서울시 인구를 추월한지는 오래되었으며 수원시는 1,326만 경기도민의 중추인 셈이다. 세 번째는 글로벌 기업인 삼성전자의 본사가 입지하는 도시이다. 어찌 보면 첨단산업의 메카이기도 하다. 네 번째는 우리나라 1차 산업의 본거지이다. 서울농대가 수원에 있게 된 배경도 바로 수원이 우리나라 1차 산업의 진원지이기 때문이다. 아직도 종묘장 등 1차 산업의 뿌리가 잔존하는 지역이기도 하다.

　이러한 여건에도 불구하고 수원의 지역정체성이 빼어나다거나 여타도시와 차별화되는 것은 별로 체감되지 않고 있다. 이는 혁신성의 결핍과 창발성의 위축 때문이 아닐는지? 일견 이는 지역정치의 폐쇄성과도 관계가 있을 것으로 여겨진다. 지역은 늘 개방적 시각을 견지하고 이웃들과 쉬임없이 교류하고 소통할 때 지역발전을 위한 동력이 확보된다. 토박이가 중심이 된 정치문화는 자칫하면 '우물안 개구리화'할 개연성이 높아진다. 지역정치의 폐쇄성과 텃세는 지역정치의 후진성으로 표출되고 성장잠재력을 갉아먹는 좀이 된다고나할까?

Tips: 수원의 정체성을 어떻게 할 것인가?

　수원의 지역정체성을 살리고 성장 잠재력을 높이는 길은 무엇일까? 먼저 수원만의 고유한 자산의 중요성을 간과하거나 놓치고 있다는 점이다. 수원은 우리나라 식량부족문제를 해결한 진원지이다. 농촌진흥청이 입지해 수원시에서 통일벼를 탄생시키는 등 우리나라 1차 산업의 뿌리이기도 하며 아직도 그 흔적이 곳곳에 남아 있다. 삼성전자는 든든한 버팀목이다. 1차 산업도 첨단의 고부가가치산업으로 탈바꿈하고 있다. 전통산업이 첨단산업과 연계되고 접목될 때 발전가능성은 무궁무진하다. 수원만이 지닌 고유한 자산을 수원의 지역정체성을 살리는 동력으로 탈바꿈시키도록 해야 한다.

　둘째는 수원이 지니고 있는 지연地緣자원을 극대화하는 전략을 구사하여야 한다. 화성 등 일부자원을 표출시키고는 있지만 흙속에 묻힌 진주처럼 아직도 제대로 캐내지도 못하고 있는 경우도 허다하다. 이를 테면 우장춘박사묘소, 새마을 운동 관련 유적들, 대동여지도를 만든 김정호의 유산, 장헌세자 융릉을 비롯한 역사문화 유산 등이 극히 일부분만이 모습을 드러내고 있을 뿐이다.

　셋째는 지연地緣자원이 점적으로 존재하고 선적으로 연결되지 못하거나 네트워크가 이루어지지 않고 있다는 사실이다. 수원은 수도권의 유사도시에 비하여 역사적 뿌리가 깊기 때문에 곳곳에 역사문화적인 자산이 산재해 있다. 이들 자산은 점적으로 존재하고 서로 연결되거나 네트워크가 되지 못하고 있다. 이들 자산이 선으로 이어지고 면적으로 확대되어질 때 한층 생명력이 배가될 것이다.

　넷째는 지역정치가 개방될 필요가 있다. 오랫동안 한 지역에서 끼리끼리들만의 리그를 통해서는 창의적이며 혁신성을 기대하기는 어렵다. 지역 간 경쟁이 치열해지고 급격하게 진행되는 고도 산업사회에서 폐쇄적 정치구조는 한계를 노정할 수밖에 없다.

인간에게는 고유한 DNA가 있듯이 지역도 지역마다 고유한 DNA가 있기 마련이다. 지역 고유의 DNA를 살리는 길은 지역의 잠재자원을 찾고 발굴하고 가꾸어 나가는 것이다. 즉 지역정체성을 살리는 것이다. 지역정치인들과 지역주민들은 지역정체성을 확보하고 살려 나가야 할 책임이 있다. 먼저 지역정치인들이 개방적이며 혁신적이어야 한다. 더불어 지역주민들은 그동안의 방관자적이며 소극적인 자세를 벗어나 적극적인 참여를 통해 수원성水原性 창출에 심혈을 기울여야 한다. 그동안 '시민중심의 시정'을 슬로건을 내세우기는 하였지만 여전히 미진하다. 수원의 수원다움을 찾고 가꾸어 나가는 것은 수원시민과 지역정치인의 몫일 수밖에!

〈표 1-2〉 수도권 4개시 단체장 해당 지역 출신 분포

구분(민선)		성명	이취임		출신 (초/중/고)	정당	유형 (토착비율)
			취임일자	이임일자			
수원 시장	1, 2기	심재덕	1995. 7. 1.	2002. 6. 30.	수원	무소속	지역토착 (토박이형) (100%)
	3, 4기	김용서	2002. 7. 1.	2010. 6. 30.	수원	한나라당	
	5~7기	염태영	2010. 7. 1.	현재	수원	더불어민주당	
고양 시장	1, 2기	신동영	1995. 7. 1.	1999. 6. 24.	고양	민주당	복합형 (40%)
	3기	황교선 (재보궐선거)	1999. 8. 20.	2002. 6. 30.	고양	한나라당	
	4, 5기	강현석	2002. 7. 1.	2010. 6. 30.	대구	한나라당	
	6, 7기	최성	2010. 7. 1.	2018. 6. 30.	광주	민주당	
	8기	이재준	2018. 7. 1.	현재	천안	더불어민주당	
성남 시장	1기	오성수	1995. 7. 1.	1998. 6. 30.	대구	무소속	타지형 (외지형) (0%)
	2기	김병량	1998. 7. 1.	2002. 6. 30.	전주	새정치국민회의	
	3, 4기	이대엽	2002. 7. 1.	2010. 6. 30.	창원	한나라당	
	5, 6기	이재명	2010. 7. 1.	2018. 3. 14.	안동	민주당	
	7기	은수미	2018. 7. 1.	현재	서울	더불어민주당	
용인 시장	군수	윤병희 승격(군→시)	1995년	1996년	용인	민주자유당	복합형 (57%)
	1기		1996. 3. 1.	1999. 7. 20.		한나라당	
	2기	예강환 (재보궐선거)	1999. 9. 10.	2002. 6. 30.	안양	새정치국민회의	
	3기	이정문	2002. 7. 1.	2002. 6. 30.	용인	한나라당	
	4기	서정석	2006. 7. 1.	2010. 6. 30.	대구	한나라당	
	5기	김학규	2010. 7. 1.	2014. 6. 30.	용인, 수원	민주당	
	6기	정찬민	2014. 7. 1.	2018. 6. 30.	용인, 수원	새누리당	
	7기	백군기	2018. 7. 1.	현재	광주	더불어민주당	

자료 : 관련 시 홈페이지 & 행정내부자료

• 이제 주민도 똑똑해야 한다, 화성시의 무료버스 운행

유료와 무료
당연히 무료가 좋은 것 아닌가?
그럼 우리도 무료여야지 -

복지제도에 관한 논쟁은 쉬임없이 제기되고 있다. 최근에는 경기도 화성시의 무료버스 운행이 화재가 되고 있다. 이웃 화성시에서 무료버스를 도입한다고 하니 수원시도 은근히 신경이 쓰이게 된다. 혹자는 복지포퓰리즘에 탐닉하더니 이제 무료버스까지 등장한다고 달갑지 않은 시선을 보내고 있다. 화성시가 무료버스를 운행하니 인근의 수원이나 용인 및 오산시의 무료버스 운행도 멀지 않았다는 것이다. 이웃에서는 공짜복지서비스를 제공하는데 우리지역에서도 제공해야 되는 것이 아닌가하는 주장이다. 그럴듯한 얘기다.

하지만 가만히 속살을 들여다보면 지레 예단할 일은 아닌듯 하다. 지역마다 처한 상황이 다름에도 불구하고 이웃에서 하니 우리도 똑같이 해달라는 주장은 성찰해 볼 필요가 있다. 〈표 1-3〉은 서울시, 화성시, 수원시의 인구, 면적 및 버스노선 수를 보여주고 있다. 서울의 인구는 약 970만 명, 605㎢, 373개 노선인데, 화성시는 85만 명, 697㎢, 366개 노선, 수원은 122만 명,

121㎢, 130개 버스노선을 보유하고 있다.

　화성시의 면적은 697㎢로 서울시 605㎢보다도 더 넓다. 서울시 인구는 화성시의 약 11.5배인데 비하여 버스노선 수는 거의 엇비슷한 수준이다. 반면에 수원시는 화성시에 비해 인구는 약 1.5배에 달하지만 버스노선 수는 약 1/3수준에 불과한 실정이다. 즉 지방자치단체마다 그 속성과 특성이 상이함을 보여주고 있다.

　이는 화성시는 서울이나 수원에 비하여 면적이 훨씬 넓음에도 불구하고 인구규모는 훨씬 적은 특성을 보이고 있다. 공간이 훨씬 넓음에도 불구하고 인구가 훨씬 적으니 상대적으로 미개발지와 농촌마을이 많아 교통사각지대가 많다. 그렇다고 공간적으로 산재된 인구분포로 인하여 수익성 있는 버스노선이 어려우니 민간버스회사가 버스를 운영할 까닭이 없다. 교통사각지대가 많이 발생하게 되고 교통약자에 대한 대중교통 편의 증진이 더욱 요청된다. 이것이 화성시의 무료버스 등장의 배경이기도하다.

　속담에 '공짜라면 양잿물도 마신다'라고 한다. 공짜복지 누가 싫어하겠는가. 우리 이웃에서 공짜버스 제공하니 우리도 똑같이 해달라는 주장이 일듯하다. 하지만 이제 복지도 막무가네식 복지가 아니라 '똑똑한 복지'여야 한다. **'똑똑한 복지'란 복지가 긴요한 대상과 계층에게 잘 부합하고 경제적 효용성이 높**

은 복지를 지칭한다. 어차피 재원은 한정되어 있으니 가장 효과적이고 효율적인 복지여야 한다. 이를 위해서는 지역특성과 여건에 잘 어울리는 맞춤형 복지를 찾는데 심혈을 기울이는 것이 각 지방자치단체가 해야 할 일이다.

지역적 특성을 간과한 채 화성시가 무료버스를 운행하니 이웃 지자체도 똑 같이 해달라는 요구는 '이웃이 장에 가니 나도 거름지고 장에 가는 것'과 마찬가지이다. 지역마다 여건이나 상황이 다른데도 옆에서 하니 나도 똑 같이 해달라는 것은 지방자치의 본질에도 어긋난다. 이제 지방자치가 부활한지도 30년이 되었다. 이제 우리의 지방자치단체장과 지역정치인도, 지역주민도 더욱 현명하고 똑똑한 자치, 똑똑한 복지를 하도록 해야 한다.

〈표 1-3〉 서울시, 화성시, 수원시의 인구, 면적, 버스노선 수 비교

도시	인구	면적	버스노선 수
서울시	967만 9,771명	605km²	373개
화성시	85만 3,106명	697km²(지번부여면적) 844km² (간척지 포함)	366개
수원시	122만 6,708명	121km²	130개

자료 : 경기도청 버스등록현황(2019. 1. 1 기준); 한겨레 2020. 11. 03

• 도시공동체의 정체성을 살리는 구역개편이 되어야

> 세상사에 변화와 혁신은 반드시 필요하다.
> 그런데 올바르지 못한 변화와 혁신은
> 자칫 파멸로 치닫는다.
> 행정(자치)구역개편
> 자칫하면 낭떠러지로 떨어질까 두려운데 -

행정구역개편에 대한 논의는 언제나 핫이슈이다. 구역개편의 핵심은 바로 도시공동체의 정체성을 살리는데 있다. 하지만 그동안 행정구역개편에 대한 논의가 수없이 제기되었다가 수면 아래로 사라지고, 또 다시 제기되고 사라지기를 반복하여 왔다.

정부가 존재하는 이유는 해당국토, 공간에 살아가는 국민, 주민들에게 가장 적은 비용으로 편리하고 효율적인 공공서비스를 제공하는데 있다. 중앙정부에서 전 국민에게 필요한 공공서비스를 효율적으로 제공하기에는 한계가 있기 때문에 권역별로 공간을 나누어 서비스를 할 필요성이 있었고, 이로 인해 지방행정구역이란 것이 지역별로 형성되게 되었다.

한국의 지방행정구역은 우리나라의 역사와 그 궤를 함께한다. 왕권국가에서는 지방통치체제로서의 지방행정체제가 구축되었고, 왕권의 붕괴 후 민주국가에서는 행정효율의 관점에서 지방행정체제가 구축되었다. 1988년 지방자치법이 개정되면서 1991년 민선지방의회가 구성되고 1995년부터는 단체장까지 주민들의 직접선거로 선출되면서, 이제 행정구역도 단순히 행정적인 효율뿐만 아니라 정치적인 효율도 동시에 실현해야만 하는 상황으로 바뀌었다.

  사람들은 거주하고 생활하는 공간을 중심으로 매일 일상적으로 활동하는 공간이 있으며, 이를 통칭 생활권이라고 한다. 생활권은 실제 사람들의 움직임이 토대가 되고 있으며 제반 여건 변화에 탄력적이며 가변적이다. 행정구역이란 해당지방에 살아가는 지역주민들에게 필요한 공공서비스를 가장 편리하게 제공할 수 있도록 구획됨이 이상적이다.

  따라서 행정구역은 생활권역과 일치함이 바람직하다. 그러나 행정구역은 특정시점을 기준으로 제도적으로 설정되어져 있어 여건이 바뀐다고 수시로 바꾸는 것은 쉽지 않다. 이러다보니 기존의 행정구역과 생활권간의 불일치문제가 발생하게 되고 행정구역을 생활권에 근접하게 개편해야할 필요성이 제기된다.

  행정구역에 대한 개편논의는 그 필요성에는 대체로 공감하는 듯하다. 왜냐하면 오래전에 설정된 행정구역이 그 동안 변화한 제반여건을 수용하기에는 어려움이 있기 때문이다. 하지만 이러한 논의에는 몇 가지 이슈가 제기되고 있다.

무엇보다도 먼저 획일적인 개편방안에 관한 문제이다. 그 동안 구역개편에 관한 여러 방안들이 제기되고 논의되었지만 현재의 기초단체를 광역화하여 평균 인구를 50-100만 명 정도로 하여 전국을 약 70개 내외로 하는 방안이 주로 거론되고 있다. 또한 광역자치단체는 폐지하고 단일자치계층으로 한다고 하다가 반발이 심하다보니 광역은 4-8개로 확대 개편하거나 그대로 존치하는 것으로 하고 있다.

현재 우리나라 기초자치단체의 평균인구규모는 약 21만 명으로 지방자치를 실시하는 선진국들 중에서 가장 많은 인구규모를 지니고 있다. 이런 상황에서 서너 개의 기초자치단체를 통합하여 하나의 자치단체로 하는 것은 공간적 범위가 훨씬 넓어지고 인구규모도 더욱 커지므로 진정한 지방자치를 실현하기는 어렵다. 일부에서는 일본과 유럽의 기초자치단체 통합의 움직임을 반면교사로 삼고 있으나 그들과는 기본적 속성이 다름을 간과하고 있다.

예를 들면 일본 시정촌 합병의 경우, 3,200여 개의 기초자치단체를 약 1,800개로 통합하였는데, 이는 수백 명 또는 기천 명의 기초자치단체의 아주 작은 규모의 자치단체를 통합하는데 초점이 모아지고 있다. 이는 일본의 기초자치단체규모가 워낙 작고, 분절적이어서 행정효율에 많은 문제점이 노정되면서 이의 극복을 위해 추진되었으며, 1,800여 개로 통합된 기초자치단체의 평균인구규모는 약 7만 2천 명으로 현재 우리나라 수준의 1/3 수준에 불과한 실정이다. 참고로 지방자치가 발달한 선진국의 기초자치단체 평균인구규모는 영국이 약 128,000명, 미국이 8,500명, 이탈리아가 7,300명, 독일이 6,300명, 프랑스가 1,700명의 수준을 보여주고 있다.

다음으로 "행정구역개편"이란 명칭에 관한 문제이다. 행정구역개편에 대한 문제라기보다는 자치구역개편에 논의가 적합한 명칭이라고 할 수 있다. 행정구역이란 개념은 중앙정부가 공공서비스의 효율적인 전달을 위해 설정된 개념이다. 우리나라는 1988년 지방자치법이 개정되면서 1991년 지방의회, 1995년 민선자치단체장체제가 부활하였다. 지방자치제 부활 당시 지방자치구역을 기존의 행정구역을 단위로 하였으며 오늘에 이르고 있다.

그러므로 행정구역의 개편은 행정구역에 관한 문제라기보다는 자치구역에 관한 문제이다. 행정구역이란 의미에는 통치중심의 집권적이며 기계적 능률이 강조되는데 비하여, 자치구역이란 의미에는 분권적이며 사회적 능률에 보다 중점이 주어지기 때문이다. 따라서 행정구역개편이란 용어보다 "자치구역개편"이 적합한 것으로 판단된다.

그러면 자치구역개편에 대한 바람직한 접근은 어떤 것인가?

우선 기본적으로 현재의 기초자치단체를 광역화하고 거대화하려는 것은 자치정신에 부합하지 않는다. 단 행정구역과 생활권의 불일치로 인하여 불편이 초래되고 지역주민이 원하는 지역에 대해서는 조정될 수 있을 것이다. 또한 획일적 사고에서 벗어나 다양성이 인정될 수 있도록 해야 한다. 전국을 획일적인 잣대로 일정한 공간 및 인구규모를 기준으로 획일화하려는 발상은 전형적인 관치주의 및 권위주의 발상이다. 지리공간적 특성, 지역주민의 니즈needs, 사회경제적 효율에 기반하여 공동체의 정체성을 살리는 구역개편이 이루어져야 한다.

다음으로는 만약 구역개편이 필요할 시에는 단계적으로 접근해야 한다. 우선 지역의 동질성이 높으며 주민들의 통합욕구가 강한 지역을 우선적으로 추진하고, 점차 사회경제적 통합이 가능한 지역으로 확산시켜 나가도록 해야 한다. 행정구역설정이 오래전에 설정된 것이기 때문에 여러 가지 변화한 여건을 수용하기에는 부적절한 면도 없지 아니하다. 그러나 한편으로는 오랫동안 일정한 구역을 단위로 생활해온 주민들은 그들만의 정체성, 고유한 문화와 전통, 선인들의 숨결을 함께 공유하고 있다.

사람은 부모로부터 고유한 DNA를 가지고 태어나듯이 주민들도 그 지역에 태어나 살아가면서 지역고유의 정체성과 DNA Regional DNA도 함께 공유하고 있다. 전국을 동시다발적으로 구역개편을 전개하게 되면 전국토를 혼란에 빠뜨리게 된다. KTX가 개통하면서 역사위치 및 역사명칭을 지으면서 야기된 지역 간 갈등문제를 되돌아 볼 때 구역개편이 얼마나 어려울 것임을 시사하고도 남음이 있다. 한편 주민들의 자발적인 욕구에 의해 통합이 이루어질 경우, 잔여지역에 대한 자치구역 문제를 어떻게 할 것인가에 대하여도 진중하게 다루어야 할 과제라고 판단된다. 공동체의 정체성이 훼손된 구역개편은 성공할 수가 없다.

- **집행기관과 의결기관 갈등의 피해자는?**

> 우리나라는
> 기관대립형의 지방자치,
> 그래서 견제와 균형이 핵심가치이기도 하다.
> 그런데 견제와 균형의 가치가
> 갈등구조로 치닫는 분점정부에서는
> 위태롭기만 하다.
> 파멸로 치닫는 갈등!
> 과연 주민들이 바라는 것일까?

우리나라의 지방자치는 단체장을 중심으로 하는 집행기관과 지방의회를 중심으로 하는 의결기관 간 견제와 균형에 기초한 기관대립형 구도를 취하고 있다. 그 동안 지방정치의 지배정당 간 교체는 있었지만 대부분 같은 정당이 집행기관과 의결기관을 장악하는 다수당 구조단점정부를 띠므로 다소 불협화음이 있기는 하였으나 큰 문제는 없었다.

하지만 지난 2010년 6.2 지방선거에서 양 기관 간 지배 구조가 상이함에 따라 점차 갈등이 점증하고 있으며, 특히 서울특별시분섬정부는 그 정점에 있었다. 이는 2021년 7.4 보궐선거에서도 국민의 힘 정당소속의 오세훈 단체장과 109석 중 민주당이 101석을 점유하고 있는 서울시 지방의회에서 재연되고 있다.

> Tips; 기관대립형과 기관통합형, 단점정부와 분점정부
>
> 도시정부의 권력구조는 크게 기관대립형과 기관통합형으로 대별된다. 전자는 집행기관과 의결기관 간 대립구도에서 상호견제와 균형의 원리가 작동하는 시스템으로 국가권력구조의 대통령제와 유사한 형태다. 반면에 후자는 집행기관과 의결기관이 통합된 형태로 국가권력구조에서는 의원내각제와 유사하다.
>
> 우리나라 도시정부는 기관대립형 구조를 채택하고 있다. 이는 단체장을 중심으로 하는 집행기관과 지방의원들로 구성된 의결기관 간 대립적 시각에서 상호 견제와 균형의 원칙에 입각하여 시정을 효율적으로 이끌어 달라는 시민들의 여망이 담겨 있다고 볼 수 있다.
>
> 단점정부란 단체장의 소속정당과 지방의회의 다수당 소속정당이 일치하는 경우를, 분점정부란 소속정당이 서로 다른 경우를 지칭한다. 일반적으로 단점정부에서 보다 분점정부에서 집행기관과 의결기관 간 갈등이 발생할 여지가 높아지는 특성이 있다.

2010년 7월 1일부터 출범한 민선5기 서울시는 당시 한나라당 출신의 오세훈시장과 민주당이 다수당으로 구성된 지방의회의 등장분점정부으로 파열음이 나타나기 시작하였다. 시의회 사무처장을 발령하는 과정에서 상호갈등으로 사무처장 인사를 철회하는 것을 필두로 하여, 서울시 지방의회 7대 임기 말에 제정된 '한강예술섬 재단 설립 조례', 'DMC 재단 설립조례', '창의아카데미 재단 설립 조례' 등 재단설립과 관련한 근거조례의

폐지, 서울광장을 허가제에서 신고제로 바꾸는 조례개정안을 의결·재의요구·재의결 하는 양상이 전개되었다.

특히 친환경 무상급식 조례안이 발의되고 무상급식 조례가 단독 의결되는 과정에서의 갈등 및 2011년도 예산안 심의 시 무상급식 예산 695억 원 신규편성, 서해뱃길 사업, 한강예술섬 사업 등 시장의 기존 역점사업에 대한 예산을 대거 삭감함으로 상호 대립의 골이 점차 깊어져 갔다.

기관대립형 구조 하에서 집행기관과 의결기관간의 상호견제와 감시는 필수적인 요소이다. 하지만 시정이 마비되고 예산안이 법정기일 내에 해결되지 못한 채 졸속으로 처리되어 그 피해가 전체 시민들에게 돌아간다면 이는 작은 문제가 아니다. 서로가 상대방을 인정하지 않은 채 갈등으로 치닫는 서울시정에 누가 박수를 보내겠는가?

결국 이러한 갈등은 주민투표로 이어졌다. 무상급식과 관련해 주민들의 지지를 받지 못한다면 오세훈시장은 물러나겠다는 것이다. 주민투표일이 다가오자 이상한 양상이 벌어졌다. 투표거부운동이었다. 유권자의 1/3미만이 투표에 참여할 시 투표율 미달로 투표함 개봉이 불가능한데 이로 인해 오시장은 시장직을 물러났다.

이은 보궐선거에서 박원순시장이 등장하였고 내리 3선 서울시장 기록을 세웠다. 성추문으로 인한 박시장의 자살로 또 다른 보궐선거가 실시되었는데, 이번에는 오세훈 시장이 재등장하였다. 그런데 묘하게도 지방정치구도가 오시장이 물러날 때와 비슷한 구도이다. 의결기관인 의회권력이 민주당 수중109석 중 101석인 민주당인 분점정부이다.

앞서 오시장이 의회권력과의 갈등으로 주민투표가 전개된 양상과 비슷하다. 앞으로 집행기관과 의결기관 간 힘겨루기 양상이 전개될 전망이다. 하지만 내년 3월 치러지는 대통령선거와 6월 실시예정인 4대 동시지방선거 등으로 이번에는 이전의 양상과 같이 극단으로 치닫기는 어려울듯하다.

이제라도 양 기관은 시민의 입장에서 한 발짝씩 물러나 스스로를 되돌아보기 바란다. 기관대립형 구조의 참뜻은 대화와 협상을 통해 서로 견제와 감시활동을 잘 하라는 것이지 파멸로 치달아서는 아니 된다. 또한 비록 단체장이나 지방의회의 지배구조가 바뀌더라도 지방자치의 근간을 흔들어서는 곤란하다. 기존에 지속되어 온 정책이 한순간에 송두리채 바뀌는 것은 이미 투자된 자본을 매몰비용화함으로 시민들의 고통을 가중시킬 뿐만 아니라 자원의 낭비를 초래할 뿐이다.

만약 문제점이 있다면 예산의 배분과 집행의 효율성을 높이고 시민들의 고통을 수반하지 않는 대안을 탐색하는 것이 현명한 길이다. 여든 야든 이제 모두 현명하게 대처해야 한다. 내년 3월 9일 치러지는 대통령 선거와 6월 치러지는 지방선거에서 유권자의 심판이 다가올텐데 어떻게 처신할지 자못 궁금해진다. 더불어 유권자들은 어떤 심판을 할지?

제 2 장

더불어 함께하는 공생도시

제2장 더불어 함께하는 공생도시

- 보노보 경제가 사회적 기업을 살리는 길
- 논란의 중심에 선 기본소득
- 토가무라를 통해 본 지역축제와 지역발전
- 도랑치고 가재잡는 공공체육시설 활용방법
- 공기업메피아의 이면계약이 불행의 씨앗
- 이케아 효과IKEA effect, 애정이 충만한 도시 만들기

제2장 더불어 함께하는 공생도시

• 보노보 경제가 사회적 기업을 살리는 길

경쟁이 치열하면 할수록
불가피하게
낙오자도 발생하게 된다.
이 사회는 성공하는 사람도 실패하는 사람도
더불어 살아가야만 하는데 -
함께 공생하는 길은
어떤 길인가?

경제가 발달할수록 사회적 경제, 공생경제 같은 개념이 등장하고 있다. 경제에 대한 이러한 개념변화를 인간과 가장 유사한 종 種인 원숭이와 대비하여 설명하기도 한다. 인간의 이기심이 중심인 경제와 대비시켜 사회적 경제는 원숭이와 접목되어 비유되기도 한다.

그런데 원숭이에게도 여러 종種이 있는데 그 중에서도 인간과 가장 유사한 종이 침팬지와 보노보이다. 하지만 침팬지와 보노보는 성향이 서로 상이한 점이 적지 않다. 우리가 흔히 알고 있는 침팬지보다는 보노보가 사회적 경제에 훨씬 부합한다고나할까.

한 동안 세계는 이념전쟁으로 몸살을 앓아왔다. 하지만 공산주의체제가 붕괴되면서 자본의 위력이 드세어지고 있다. 자본주의의 키워드는 바로 경쟁에 있다. 경쟁은 생산성과 효율을 높이는 원동력이며 기업은 자본을 매개로하여 한층 경쟁력과 지배력을 신장시킨다. 하지만 다른 한축에 있어서는 치열한 경쟁에서 설자리를 찾지 못하고 방황하며 낙오하는 자들의 슬픔과 분노가 쌓여가고 있기도 하다. 이는 가진 자와 가지지 못한 자들 간의 반목과 갈등으로 치닫게 하며 사회의 불안을 가중시키는 요소로 작용하고 있다.

이러한 문제를 극복하기 위한 한 대안으로 사회적 기업이란 용어가 등장하기 시작하였고, 이를 착한 기업 또는 따뜻한 기업이라고도 한다. 사회적 기업은 아쇼카Ashoka의 빌 드레이튼Bill Drayton 회장이 1970년대 후반에 창안한 것으로 사회적 경제가 그 바탕이 되고 있다.

이는 기존 자본주의 경제체제에 대한 대안으로 사회적 경제의 키워드는 공익, 공동체, 상호연대, 호혜주의, 민주성과 자율성이다. 기업의 본성은 영리추구가 지상과제이지만, 사회적 기업은 그 명칭이 뜻하는 바와 같이 영리를 추구하되 공동체와 공공의 이익에 부합하고자 하는, 즉 두 가지 목적을 동시에 달성하고자 하는 기업으로, 혹자는 이를 이윤과 공공선을 동시에 추구하는 제4섹터의 영역이라고도 한다.

흔히 인간의 본성을 성선설과 성악설로 대비시키기도 한다. 전자는 인간의 본성이 착하고, 선하며, 나쁜 짓을 하지 않는 평화와 공감共感본성을 지닌다고 한다. 반면에 후자는 악하고, 이기적이며, 못된 짓을 서슴지 않는 폭력과 탐욕의 본성을 지닌다고 한다. 최근에는 인간의 이러한 본성을 인간에 가장 근접한 유인원원숭이인 침팬지와 보노보의 특성에 이입시켜 설명하기도 한다.

침팬지는 우락부락하고 야심만만히며 폭력적인 반면, 보노보는 평등을 좋아하고 평화를 추구하며 낙천적인 천성을 지닌다고 한다. 침팬지는 이기적이며 공격성이 그 바탕인 반면에, 보노보는 그와 반대로 선하며 공감 지향적이라고 한다. 침팬지가 덧씌워진 악마의 얼굴이라면 보노보는 천사의 얼굴인 셈이다.

승자독식의 경제는 소수의 승자와 다수의 패배자의 양산으로 상호반목과 충돌로 증폭되고, 이로 인해 자칫하면 모두가 공멸로 이어질 수 있다. 한국은행이 2018년 6월 발표한 2017년 1인당 국민총소득GNI: 국민이 국내외에서 벌어들인 총소득을 인구로 나눈 값이 3만 1천 734달러라고 발표하였다표 2-1 참조. 대한민국은 드디어 인구 5천만명이상, 3만 달러를 상회하는 "50-30클럽"에 속하는 세계에서 7번째의 나라가 되었다.

  그러나 국민들의 행복지수는 오히려 낮아지는 현상이 나타나고 있다. 2020년 세계행복보고서에 의하면 1위가 핀란드, 2위가 덴마크, 3위가 스위스, 캐나다가 11위, 영국이 13위, 독일이 17위, 미국이 18위, 대만이 25위인 반면에 한국은 153개 국가 중에서 61위로 나타나고 있다. 이를 극복하기 위해서는 침팬지 경제학보다는 보노보 경제학, 보노보 기업, 따뜻한 기업의 필요성이 더욱 강조되고 있다.

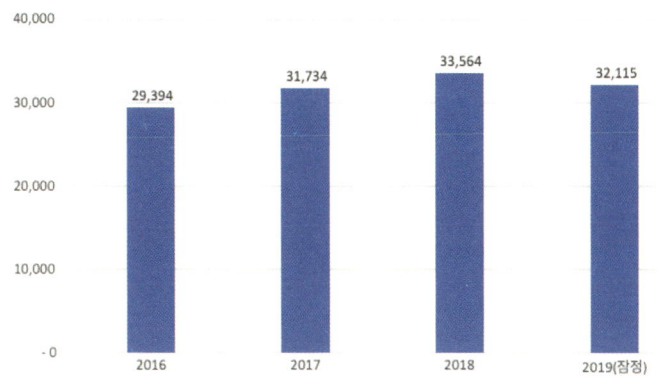

〈표 2-1〉 년간 1인당 국민총소득(한국은행, 달러)

출처 : https://news.naver.com/main/read.nhn?oid=001&aid=0011648752

보노보 경제학은 사회를 혁신하고 공공선을 추구하는 경제학인 셈이다. 이에 발맞추어 마이크로소프트사의 존 우드John Wood는 기업에서 축적한 자신의 경영노하우와 인적 네트워크를 활용해 지구촌 오지에 도서관을 지어주고 장학금을 지원하였다. 데이비드 그린David Green은 필요에 따라 치료를 받지만 능력에 따라 부담하는 의술을 베푸는 등 침팬지 추종자에서 보노보 추종자로 전환하는 모습을 보이고 있다.

이와 유사한 사례들이 여기저기서 속출하고 있다. 침팬지 천지인 세상인 듯 보이지만 가만히 주위를 살펴보면 수많은 보노보가 등불을 밝혀주고 있다. 즉 보노보 혁명의 씨앗이 싹트고 있으며, 이것이 이 사회를 지탱해 나가는 동력이 되고 있다.

개개인의 보노보 혁명은 정부부문도 이에 대해 관심을 가지게 하였다. 우리나라에서도 중앙정부뿐만 아니라 지방정부도 어떻게 하면 보노보 혁명을 확산하고 지속화할 것인가를 고민하기 시작하였다. 정부는 2007년 1월 「사회적 기업 육성법」을 통해 '취약계층에게 사회적 서비스 또는 일자리를 제공하여 지역주민의 삶의 질을 높이는 등 사회적 목적을 추구하면서 재화 및 서비스를 생산, 판매하는 등의 영업활동을 수행하는 기업'을 육성하고 있다.

이를 위해 중앙정부차원에서는 기획재정부, 고용노동부, 보건복지부 등에서도 담당조직을 신설하였고, 행정자치부 지역공동체과에서는 지방자치단체의 사회적 기업육성을 위한 제도적 기반구축 및 행·재정적 지원방안을 강구하고 있다.

지방정부차원에서는 사회적 기업육성에 더욱 능동적으로 대처하고 있다. 지방정부는 주민들과의 근접성, 현장대응성이 높기 때문에 사회적 기업육성의 첨병역할을 수행하기에 용이하다. 일례로 서울시는 사회적 경제과를 신설하여 사회적 기업육성에 심혈을 기울이고 있으며, 25개 자치구에도 관련 조직을 만들어 적극적으로 대응하고 있다. 즉 사회적 기업 육성을 위해 행정적, 재정적 지원을 아끼지 않고 있는 실정이다. 서울시만하더라도 2017년부터 2021년 8월까지 634개 업체에 143억 원을 지원해 오고 있다표 2-2 참조.

지금까지 사회적 기업에 대한 지원과 의욕에도 불구하고 그 성과는 기대에 미치지 못하고 있다. NGO단체나 인권단체 등 사회적 기업 활동가들의 열정은 충만하나 기업마인드는 미약하여 사회적 가치를 창출하는 데는 어려움이 있다. 공공조직에서도 지원을 하기는 하나 권한을 행사하고자하는 관료적 시각과 독립성부여의 한계로 인하여 사회적 기업의 역동성을 기대하기 어려운 구조이다.

이를 테면 공공조직은 사회적 기업 지원계획을 수립하여 사회적 기업이 사업관리지침을 잘 준수하고 있는지 여부를 확인하는 등 소극적이며 통제적 관리에 치중하는 1차원적 관리·지원에 머무르다보니 악순환 구조를 벗어나지 못하는 실정이다. 사회적 기업은 아직도 경영마인드가 부족하여 정부의 지원금에 의존하는 경향이다.

앞으로 사회적 기업이 활성화되는 사회가 되어야 할 것이다. 이기심과 폭력성에 기반한 침팬지보다는 공동체의 안위와 평화를 우선시하는 보노보세상이 되도록 하는데 우리 모두가 동참해야 되지 않겠는가! 이를 위해 사회적 기업 활동가들, 사회적 기업 활성화를 위한 정부의 의지와 지원, 공무원들의 적극적이며 전향적인 자세 등 3위1체가 되어야 한다. 지금과 같이 무늬만 비슷하게 포장된 물과 기름이 함께 섞인 형식적 조합이 아니라 상호 잘 융·복합하여 화학적 반응으로 폭발력을 가지는 사회적 기업이 되어야 한다.

Tips; 서울시의 사회적 기업 지원현황

〈표 2-2〉 서울시 예비사회적 기업 지원 현황(2017-2021)

단위: 개, 백만원

구분	인건비		사업개발비		혁신형사업		우수기업	
	업체수	금액	업체수	금액	업체수	금액	업체수	금액
총계	634	14,347	441	6,790	63	2,346	6	85
17년	127	3,439	67	1,163	20	616	-	-
18년	136	2,843	76	1,508	14	496	2	25
19년	138	2,315	79	1,500	13	508	3	45
20년	149	4,197	119	1,485	10	469	1	15
21년	84	1,553	100	1,134	6	257	-	-

자료 : 서울시 내부자료, 2021. 8

• 논란의 중심에 선 기본소득

> 대부분의 선진국들은
> 복지정책으로 골머리를 앓고 있는데-
> 갈수록 소득격차는 심화되고 있으며
> 정치권은 표되는 해법에만 치중하고 있고
> 드디어 기본소득이 쟁점으로 떠올랐다.
> 과연 올바른 해법은?

1980년대 중반 미국 유학을 가면서 한국에서는 볼 수 없었던 생경스런 모습에 의아스러워했던 기억을 지울 수가 없었다. 하나는 미국 농무부가 발행하는 '푸드 스템프Food Stamp'이고, 다른 하나는 국민들에게 나누어 주는 현금복지제도였다. 전자는 생계가 어려운 저소득층을 위해 먹거리의 구입을 위한 용도로 사용하는 일종의 수표이고, 후자는 최소한의 삶의 질 보장을 위해 지원하는 복지제도이다.

당시만 하더라도 우리나라는 정부가 무료로 먹거리를 지원하고 현금을 나누어 주는 공짜복지제도는 상상을 할 수 없었던 시절이었다. 먹고 사는 문제는 개인이나 가족단위로 해결할 문제이지 정부가 관여할 문제가 아니라는 것이 지배적인 시각이었다. 오늘날 대부분의 선진국들은 복지문제로 골머리를 앓고 있다.

우리나라도 점차 생활수준이 나아지고 1995년 민선자치단체장체제가 출범하면서 복지제도에 대한 근본적인 변화가 나타나기 시작하였다. 선거가 잦아지게 되고 정치인들은 표를 얻기 위해 주민들의 니즈욕구에 민감해질 수밖에 없는 구도로 전환되어 가고 있다. 즉 다양한 복지제도가 등장하기 시작하였다. 선거 때만 되면 복지포퓰리즘 논쟁이 끊어지질 않고 있다.

국가예산이나 지방정부의 예산규모 변화추이를 살펴보면 복지부문의 예산팽창은 여타부문과는 비교할 수 없을 정도로 가파른 증가추세를 확인할 수 있다. 정부의 복지부문예산 변화추이는 〈표 2-3〉과 같이 가파른 증가세를 보이고 있다. 정부예산 중 복지비 지출이 2014년에 100조를 돌파하더니 29.9% 2020년에는 정부예산 512.3조 원 중에서 35.2%인 180.5조 원 규모에 이르고 있다.

이러한 현상은 지방정부의 예산에서도 마찬가지로 나타나고 있다. 일례로 수원시의 경우 일반회계 중 사회복지예산이 2009년에 20%를 돌파하더니, 2015년에는 약 1조 8,810억 중 약 6,525억 원으로 34.7%를 점하고 있다. 2020년에는 약 3조 원 중에서 45.6%인 1조 4천억 원에 달하고 있다 표 2-4 참조.

〈표 2-3〉 중앙정부의 년도별 사회복지예산 추이

단위 : 조원, %

구분	중앙정부		
	정부 총 지출	사회복지보건	비중
2013년	342.0	97.4	28.5
2014년	355.8	106.4	29.9
2015년	375.4	115.7	30.8
2016년	386.4	123.4	31.9
2017년	400.5	129.5	32.3
2018년	428.8	144.7	33.7
2019년	496.6	161.0	32.4
2020년	512.3	180.5	35.2

자료: e나라 지표

〈표 2-4〉 지방정부(수원시)의 년도별 사회복지예산 추이

단위 : 천원, %

구분	수원시		
	일반회계	사회복지예산	비중
2009년	1,412,877,812	284,676,310	20.1
2010년	1,246,259,109	292,346,752	23.5
2011년	1,323,057,632	320,961,000	24.3
2012년	1,510,427,409	393,059,690	26.0
2013년	1,528,173,737	505,441,543	33.1
2014년	1,625,014,507	585,289,642	36.0
2015년	1,881,082,244	652,599,656	34.7
2016년	1,943,914,404	685,503,068	35.3
2017년	2,145,033,394	739,290,031	34.5
2018년	2,293,291,695	828,019,534	36.1
2019년	2,592,791,133	1,018,462,382	39.3
2020년	3,077,278,255	1,402,345,251	45.6

주 1: 2009년~2019년은 일반회계 최종예산액
2: 2020년은 3회 추경된 일반예산
자료: 수원시 연도별예산서 및 지방재정365

특히 2020년은 '코로나19'라는 예기치 않은 복병을 만나 사회복지비 지출이 한층 높아지고 있다. 수원시만 하더라도 2020년 6월 30일 기준으로 정부긴급재난지원금 등 13개 국비사업에 3,805억 3,400만원, 경기도 재난기본소득 등 12개 도비사업에 1,224억 1,100만원, 수원시 재난기본소득 등 25개 시비사업에 1,835억 4,490만원, 2개의 매칭사업지역화폐 일반발행 인센티브, 소상공인 특례보증에 94억 2,400만원, 해외입국자 안심숙소 운영, 공영주차장 무료개방 등 4개의 비예산사업이 실행되고 있다2021년 수원시 정책기획과 내부자료.

최근에는 기본소득에 대한 논란이 제기되고 있다. 미래학자들Carl Benedikt Frey, Ray Kutzweil, Marc Andreessen 등은 시기문제일 뿐 언젠가는 기본소득은 불가피한 것으로 인식하는 경향이 있다. 이들은 2030년에는 현재의 일자리 가운데 거의 절반이 사라지고 로봇, 머신 러닝, 인공지능, 3D 프린팅 같은 기술에 의존하게 될 것이라고 예측하고 있으며, 이로 인한 실업을 '기술적 실업'이라고 한다. 이러한 기술적 실업은 시간이 흐를수록 심화될 것으로 내다보고 있다.

옥스퍼드 대학교 마틴스쿨의 칼 배네딕트 프레이Carl Benedikt Frey교수는 향후 20년 내에 미국 현존직업의 47%가 사라질 위험에 있다고 한다. 기술이 발달하면 할수록 기술적 실업이 증가할 수밖에 없으며 일자리가 사라진 시대에 생계유지를 위해서는 기본소득이 필수조건이 될 수밖에 없다는 것이다. 이미 기본소득제도는 핀란드, 네덜란드, 캐나다, 프랑스 등에서 실험되고 있다_{박영숙·제롬 글렌, 일자리혁명 2030, 2017, 비즈니스북스; 53-55.}

우리도 언젠가는 기본소득에 대한 공감대가 형성될 개연성이 높아지고 있다. 첨단기술의 발달로 새로운 일자리도 생기기는 하겠지만 전통적 직업의 소멸은 훨씬 클 수밖에 없다. 소득격차가 심화될수록, 정치인들의 표계산이 분주해질수록 기본소득에 대한 압박은 거세질 것이다. 20대의 표심을 잡기 위해 벌써 정치권에서는 대학 미진학 청년에게는 세계일주를 하기 위해 1천만 원을, 군을 제대한 청년들이 일자리를 구할 때까지 3천만 원을, 최초 집 구입을 위해 1억 원을 지원하자는 이슈가 봇물을 이룰 대세이다.

기본소득을 위해서는 세 가지 중요한 기본전제가 선결되어야 한다. 하나는 기존의 다양한 복지제도를 통폐합하여 재정비하여야 한다. 둘째는 기존 복지제도의 통폐합에 따른 반대나 저항을 극복함과 더불어 국민들의 공감대를 형성하는 것이다. 셋째는 기존의 복지체계에 의해 구축된 이해관계자들과 합의가 이루어져야 한다. 즉 이미 구축된 복지전달체계에 의해 형성된 복지 네트워크 관계자들의 기득권을 포기할 준비가 되어 있어야 한다. 대의를 위해 소의를 희생해야 된다고나 할까.

　이러한 문제들이 해결되면 추가로 필요한 복지재원을 어떻게 확보할 것인가이다. 재원은 결국 증세가 주축일 수밖에 없을 것이다. 더불어 고부가업종일수록 징세비율이 높아지는 구조는 불가피할 것이다.

　선거가 다가오면 정치인들의 표를 위한 복지성찬이 전개될 것이다. 언어만 화려한 이상적인 기본소득이 아니라 희생이 수반될 뿐만 아니라 실천성이 확보되고 진정으로 국민의 삶의 질을 높이는 기본소득이라야 공감을 얻을 것이다.

　희생이 없는 복지는 없다. 기존의 복잡다단한 복지제도를 제로베이스에서 재설계해야할 뿐만 아니라 복지전달체계에 의해 형성된 관계집단들의 기득권을 과감히 내려놓을 때만이 기본소득이 탄력을 받을 수 있다. 그런데 지금까지 경험상 기득권 집단이 희생을 감수하리라는 것은 기대난망이며, 결과적으로 이는 기본소득 도입을 더욱 어렵게 하는 요인으로 작용할 여지가 크다. 공감, 소통, 재원확보의 3위 1체가 되어야 기본소득이 자리할 여지가 있다.

　결론적으로 "영기준복지시스템Zero-Base Welfare System"을 복지국가 수준에 걸맞게 새로이 구축하는 것이다. 흔히 정부예산을 점증주의 중심으로 편성하는 성향이 있다. 이러한 예산의 한계를 극복하기 위해 "영기준예산제도Zero-Base Budgeting System"

를 편성한다. 마찬가지로 지금과 같이 난수표와 비슷한 복잡다단한 복지체계를 극복하기 위해서는 여야를 초월한 「영기준 Zero-Base 국민복지 대타협위원회」의 설치를 제안한다. 여기서 제로 베이스에서 다시 복지국가 백년 대계획을 수립하고, 구체적인 실천전략을 마련해야 한다.

• **토가무라利賀村를 통해 본 지역축제와 지역발전**

지역축제, 선인가 악인가?
축제로 뜨는 곳이 있는가하면
축제로 지는 곳도 있다.
우리의 축제는 어떠한 축제여야 할까?

1995년 민선자치단체장 체제가 등장하면서 외연적으로 나타나는 특징 중의 하나가 바로 자치단체미디 축제물결로 휩싸인다는 점이다. 이를 한편으로는 지역성地域性의 발로 및 지역발전의 동인으로, 다른 한편으로는 국적 불명 및 유사중복 행사로 전시·낭비성 행사의 표상으로 지적되기도 한다.

일본의 토야마현富山縣의 토가무라利賀村는 지역축제를 통해서 지역발전을 선도하는 모델이 되고 있다. 지역경제 낙후로 인한 이농 및 공가空家의 증가, 산골오지, 폭설 등으로 지역여건이 극도로 열악한 토가무라가 지역축제를 통해 지역발전의 원동력이 되고 있다. 이 지역의 특징인 산, 눈, 메밀, 인구 유출로 인한 공가 등도 지역발전을 위한 장애물이 아니라 축제를 통해 새로운 토가무라를 만드는데 일등공신이 되고 있다.

토가무라의 특산물은 메밀이다. 메밀을 이용하여 매 겨울마다 메밀축제를 벌이고 있다. 순수 메밀가루로 만든 메밀국수를 중심으로 여러 가지의 산촌요리와 향토상품들을 개발하여 수많은 관광객을 맞이하고 있다. 일본에서 메밀하면 토가무라로 통한다.

토가무라는 일본내에서만 메밀문화의 특화가 아니라 세계로의 특화를 지향하고 있다. 메밀의 원산지인 네팔을 방문해 메밀과 관련된 모든 정보를 수집하고, 네팔의 "쭈그체"촌과 자매결연을 맺었다. "쭈그체"촌으로부터 메밀과 관련된 300여점이나 되는 전통농기구, 생활농기구, 생활민예품을 가져왔다. 토가무라는 「메밀전시관」을 만들어 1층에는 세계의 메밀문화에 관한 각종 자료를 전시하고, 2층에는 토가무라의 생활문화를 소개하고 있다. 또한 메밀요리를 체험할 수 있는 "메밀공방", 메밀음식을 시식할 수 있는 "맛보기 방", 손님 숙박시설로 이용하는 "손님방" 등을 구비하였다. 1992년부터는 일본에서 최초로 「세계메밀박람회」를 개최하고 있다.

토가무라의 여름축제는 연극제인 「토가페스티벌」이다. 이농으로 인하여 공가空家가 발생하였고, 이 공가를 이용하여 심신으로 지친 도시민을 위한 휴식공간MT 등으로 탈바꿈 시켰다. 공가를 도시민의 휴식공간을 위한 2층의 표준주택으로 개조하였고, 이들 주택을 합병合井주택단지로 개발하였다.

토가무라는 갓쇼合掌주택이라는 소중한 전통유산을 잘 보존하고 있다그림 2-1 참조. 독특한 형태의 주택이 그대로 남아있어 세계문화유산으로 지정되었으며, 연극제인 「토가페스티벌」의 토대가 되고 있다. 동경의 와세다소극장 스즈키단장과 단원들의 노력으로 연극제가 개최되었으며, 막이 오르자 토가산방에 못 들어간 관객이 발을 굴렸고 극장은 대만원이었다. 해를 거듭할수록 토가무라 연극제는 그 명성을 더해 갔으며 야외극장도 건설하였다.

이는 세계연극제인 「토가 페스티벌」로 발전하였다. 토가무라는 우리나라 하회마을과도 자매결연 맺고 있다. 마을 자체가 엄청난 관광자원이다. 토가무라는 기본적으로 전통유산인 갓쇼주택이라는 하드웨어와 지역축제라는 소프트웨어가 잘 결합하여 지역발전의 토대가 되고 있다.

〈그림 2-1〉 토가무라의 갓쇼(合掌)주택

출처 : www.haninsociety.com1318248

토가무라는 각 계절마다 축제가 있다. 봄이면 오랜 겨울잠에서 깨어난 아름다운 신록에서 "사자축제"가 개최된다. 이 사자축제는 먼 옛날부터 촌민村民들의 생활속으로 이어져 온 것으로 이날이 되면 모든 주민들은 함께 즐기며, 이들은 함께 피리를 불고 장구를 치며 사자춤을 춘다.

가을이 되면 아름다운 산촌의 단풍속에서 "산촌축제"를 개최한다. 산촌축제에서는 지역의 산과 들, 강에서 거두어들인 산나물들을 재료로 하여 만든 음식물을 만들고 이벤트광장에서는 토가누라의 각종 전통행사를 재현하여 관광객들에게는 산촌의 음식과 신촌생활을 체험할 수 있는 기회와 기쁨을 만끽할 수 있는 축제를 개최한다.

가진 것도, 희망도, 미래도 없었던 초라한 산골오지의 지자체가 생각과 행동을 바꿈으로써 지역발전의 수범이 되고 있다. 토가무라의 지역축제가 성공한 이유는 무엇일까? 첫째는 대규모 투자를 동반하지 않으면서 낙후지역을 개발할 수 있는 아이디어나 프로그램을 중시하였다. 기업이나 산업을 유치하는 것이 능사가 아니라 도시생활에 심신이 피로한 도시민을 산골마을에 때묻지 않은 순수함과 상호 교류할 수 있게 함으로써 양자가 서로 포지티브 섬positive-sum을 얻을 수 있다는 점을 간파하였다.

둘째는 지역이 갖고 있는 잠재성을 최대한 활용하고 있다. 지역특산물인 메밀, 지역이 갖고 있는 산골, 눈 등을 자원으로 활용하고 있다. 겨울마다 엄청난 적설량이 겨울눈축제를 위한 도구로 사용될 때에는 장애물이 아니라 축복의 산물이 되고, 이농으로 폐허가 된 공가空家가 도농교류를 위한 전신기시가 되고 연극공연을 위한 극장으로 탈바꿈했다.

셋째는 철저하게 프로기질이 체질화되어 있다. 지역의 특산물인 메밀을 일본에서 뿐만 아니라 세계로 특화시키고 있다. 이를 위해 세계오지인 네팔의 산골마을까지 찾아가 자매결연을 맺고 정보를 얻고 각종 자료를 수집하여 메밀에 관한 한 세계 최고를 추구하고 있다는 사실이다.

넷째는 모든 것이 단발성이 아니라 연속적이며 연계성에 초

점을 둔다. 축제는 그 속성상 일회성이다. 그러나 그러한 축제를 단발성으로 그치는 것이 아니라 연속적으로 계속 발전시켜 나간다는 점이다. 이를테면 지역 메밀축제가 세계메밀축제로, 지역연극축제를 세계연극축제로 탈바꿈시키고 있다. 또한 매 계절마다 지역이 갖은 특성과 결부시켜 사계절 축제를 상호연계시켜 발전시키고 있다.

민선자치 부활이후 봄, 가을이면 각 지자체마다 축제의 물결로 휩싸인다. 지역의 정체성Identity이 실종된 채 "그 나물의 그 밥"인 지역축제로 인하여 비판이 끊이질 않고 있다. 토가무라의 성공적인 지역축제를 타산지석으로 삼아 축제가 지역발전을 위한 원동력으로 작용할 수 있는 지혜를 모아야 한다. 지역축제 성공의 지름길은 지역성地域性, 차별성, 창의성, 연계성의 강화에 있음을 명심하여야 한다.

Tips; 서울특별시 축제개최 현황

〈표 2-5〉 서울특별시 축제 개최현황(예산) 2017-2020

단위: 백만원

구분	2017	2018	2019	2020
총계	14,406	8,816	18,143	4,888
문화가 흐르는 서울광장	1,240	990	990	740
정조대왕 능행차 재현행사	1,300	1,298	1,298	320 (한양도성문화제)
서울도시건축 비엔날레	5,500 (제1회)	270 (서울건축문화제)	6,322 (제2회)	297 (서울건축문화제)
한강몽땅	972	1,165	1,287	1,514 (서울뮤직페스티벌)
서울김장문화제	1,000	930	930	350 (서울물순환시민문화제)
기타	32개 사업 4,394	34개 사업 4,162	43개 사업 7,315	11개 사업 1,667

자료 : 서울시 내부자료, 2021. 8

• **도랑치고 가재잡는 공공체육시설 활용방법**

>엘리트 체육과 생활체육이
>함께 할 수 있으면
>생산성은 배가 되는데
>길이 있음에도 불구하고
>애써 외면하고 있는 우리 현실
>이제 고정관념을 벗어나야 한다.

필자가 생활체육과 관련한 프로젝트를 수행하기 위해 호주를 벤치마킹하기로 하고 멜버른시를 방문하였다. 멜버른시에는 호주에서 가장 인기가 있는 스포츠 종목인 프로럭비football 경기장이 있다. 호주의 생활체육협의회 회장과 공항에서 만나 점심을 함께 하면서 호주의 생활체육과 관련한 많은 이야기를 나누었다. 마침 주말 오후라 회장 일행과 함께 점심 후 구경 삼아 안내받은 곳이 경기 중인 프로 럭비 경기였다.

경기가 끝나고 나는 깜작 놀랐다. 왜냐하면 경기가 끝나자 일부 관중은 구경 온 친구나 가족들과 함께 그라운드로 나가서 각자 가져온 럭비공을 가지고 즐겁게 놀고, 일부는 스탠드좌석에서 집에서 준비해 온 간단한 음식을 들며 가족·친지들과 마치 소풍이라도 온 듯 재미있게 담소를 하고 있었다. 일부 관중은 바로 집으로 가기 시작하였다.

경기장그라운드 일부에는 하얀 흰색선으로 표시해 둔 곳도 있었다. 이 자리는 선수들의 활동량이 많아 상대적으로 잔디의 보호상태가 좋지 않아 이곳에는 들어가 놀지 못하도록 보호해 둔 공간이라고 한다. 잔디보호라는 명목에 사로잡힌 우리 같으면 일반인들이 프로경기가 열린 그곳에서 가족친지들과 함께 어울려 즐기기를 상상이나 할까?

엘리트체육프로체육과 시민중심의 생활체육이 공존할 수 있으며, 수만 명의 관중이 경기가 끝나자마자 일시에 몰려 나감에 따르는 교통 혼잡도 시차를 두고 관중이 분산됨으로 자연스레 해결되고 있다. 이 시설은 시민의 세금으로 지은 체육시설이기 때문에 우선적으로 시민들이 시설을 적극적으로 이용하게 하고, 잔디보호도 한층 더 적극적인 관리를 한다고 한다. 많은 예산을 들여 지은 공공건축물이 단지 1년에 몇 번의 행사나 경기를 위해 낮잠 자고 있는 우리의 현실을 되돌아보게끔 하는 순간이었다.

2021년 일본 동경에서 개최된 올림픽이 8월 8일 폐막하였다. 우리나라는 금·은·동 매달 6·4·10 총 20개로 종합 16위로 마감하였다. 이번 올림픽에서는 이전과는 다른 모습들이 연출

되었다. 지금까지 올림픽하면 금·은·동 매달의 숫자가 중요하게 자리하였다. 그런데 이번에는 매달도 중요하지만 스포츠를 통해서 즐기는 분위기가 만연한 듯하였다. 4위면 어떻고 5위면 어때! 스포츠를 통해서 하나가 되고 소통하고 즐기고자 하는 분위기는 특히 MZ세대들의 특징으로도 표출되기도 하였다.

    올림픽은 전형적인 엘리트 선수들의 경연장이다. 훌륭한 엘리트 선수들은 풍부한 저변의 생활체육속에서 싹이 트고 자란다. 공공체육시설물들표 2-6 참조이 울타리에 갇힌 엘리트 선수들의 전유물로 머무르는 한 국민과 함께하는 스포츠로 자라기는 어렵다. 이제 우리도 생활체육과 엘리트 체육이 함께 공존하는 길로 가야하며 우선 공공체육시설부터 경계를 허물어 함께 즐기는 스포츠로 나아가는 디딤돌이 되도록 하자!

Tips; 서울시의 공공체육시설 현황 2017-2020

〈표 2-6〉 서울특별시의 공공체육시설현황(2017-2020)

시설명	2020년	2019년	2018년	2017년
총계	3,014	3,005	2,966	2,892
육상경기장	3	3	3	3
축구장	73	74	73	69
하키장	19	19	17	16
싸이클경기장	1	1	1	1
테니스장	65	66	62	57
간이운동장 (마을체육시설)	2,475	2,476	2,472	2,445
체육관(소계)	158	146	139	133
구기체육관	(50)	(44)	(37)	(34)
투기체육관	(3)	(2)	(3)	(4)
생활체육관	(105)	(100)	(99)	(95)
전천후 게이트볼장	23	22	13	11
수영장	97	95	91	90
롤러스케이트장	15	16	16	14
국궁장	8	8	8	7
골프연습장/빙상장	33	35	35	34
기타시설	40	40	32	8

자료 : 서울특별시 내부자료, 2021. 8

• 공기업메피아의 이면계약이 불행의 씨앗

세상에는
보이는 것도 많지만 보이지 않는 것도 많이 있다.
특히 사용자와 노동자조합 간 협약에는
보이지 않는 이면계약협약도 똬리를 틀고 있다.
왜냐하면 이것이 사용자도 노동자도
모두 WIN-WIN할 수 있는 공간이 마련될 수 있기 때문이다.
하지만 다른 한켠에서 보이지 않는 독버섯은 자라고 -

'하인리히 법칙'이란 게 있다. 재해가 발생하는 과정에서 큰 재해가 한 번 일어나기 전 같은 원인으로 반복된 사고가 29번이나 일어나며, 비록 사고는 피했지만 사고의 전조가 되는 조그만 사건이 무려 300번이나 발생한다는 것이다.

2013년부터 2015년 10월까지 서울지하철 스크린도어 고장이나 장애 발생 건수가 8,000회를 넘었다. 스크린도어 관련 사망 사고만도 2013년 1월 지하철 2호선 성수역, 2014년 4월 1호선 독산역, 2015년 8월 2호선 강남역에 이어 2016년 5월 28일 구의역까지 3년간 네 번이나 발생했다. '하인리히 법칙'에 의하면 조만간 더 큰 사건이 도래할 수 있음을 알리는 징조이다.

왜 이런 일이 반복적으로 발생하는가? 문제의 본질은 드러나는 겉모습보다는 감추어진 이면과 속모습에 있다. 잘못된 공기업의 경영 효율화가 그 기저에 도사리고 있다. 경영 효율화를 기하고자 형식적으로 인력을 줄이고 부채를 감축하면 운영 경비를 절감하는 것처럼 보인다. 이를 위해 공기업은 통상 외주나 민간 위탁을 적극 활용하고 있다.

이는 자회사나 용역·협력업체, 사내 하도급 업체 등이 남발되는 구조로 이어진다. 지하철 2호선 구의역 스크린도어 정비 노동자 사망 사고의 배경에도 서울메트로현재는 서울교통공사의 갑질과 먹이사슬의 검은 공생 관계가 얽혀 있다.

서울메트로현 서울교통공사는 2011년 퇴직자들을 중심으로 하청업체인 '은성PSD'를 설립하고 정원의 72%인 90명을 퇴직 임직원들로 채우도록 했다. 자회사나 미찬가지인 이곳에 일감을 주면서 퇴직자들 자리를 마련한 것이다. 게다가 최저가 입찰 방식으로 용역·협력업체 등의 선정이 이뤄졌다. 이 업체들은 경비를 절약하려고 '2인 1조'의 근무 규칙을 어긴 채 평소 두 사람이 하기에도 힘에 겨운 일을 근로자 혼자 하도록 했다. 사고가 일어난 원인이다.

다른 한편으로는 공기업 기관장에 대한 임명권자의 인식이다. 공기업기관장은 해당 업무에 전문성이 있으며 조직관리 능력 및 공직 마인드에 충실한 사람이어야 한다. 함량 미달이거나 약점이 있는 자를 기관장에 임명하다 보니 노조가 반대하는 원인으로 작용해 왔다. 이는 노조의 기관장 출근 저지로 이어지면서 양자 간 힘겨루기로 촉발된다.

이때 기관장과 노조 간 물밑 협상이 이뤄지게 되고 외부에 표출되지 않는 이면계약도 싹이 튼다. 정통성을 상실한 기관장과 노조는 비상식적인 관행을 만들고 인사권마저도 협상에 의해 나눠 갖는 공기업이 비일비재해진다. 이는 공기업 본연의 임무를 망각한 채 어렵고 힘든 업무는 외주화하면서 점차 먹이사슬 구조로 '진화'한다. 연이어 발생한 지하철 인명 사고는 이번 구의역 사고를 계기로 이 같은 음지에서의 불편한 진실을 드러내도록 했다.

그럼 어떻게 이 문제를 해결할 것인가. 무엇보다 철저한 감시체계의 구축이 요구된다. 자회사든, 민간위탁이든, 용역계약이든 초기에는 어느 정도 명분과 효과를 지니기에 시작된다. 하지만 시간이 경과하면서 기대치 않은 부작용이 발생한다. 출발 당시의 기대 효과가 지속적인지 아닌지를 상시로 모니터링해 운영성과를 측정해야 한다. 또 기대한 효과가 미진할 때는 적기에 적절한 방안을 강구해야 한다.

둘째로 적극적인 정보 공개가 필요하다. 더는 갑·을 간 야합한 이면계약이 존재해서는 안 된다. 어두운 곳에서는 세균이 창궐하기 마련이다. 항상 빛이 쬐도록 모든 운영 규정이나 성과, 노사 간의 합의 내용이 실시간으로 인터넷에 공개돼 검색할 수 있도록 해야 한다.

셋째는 CEO의 철저한 책임 의식이다. 공익성과 기업성의 조화가 공기업의 요체다. 공기업 기관장이 되려면 구성원의 귀감이 될 수 있는 리더십, 공직 마인드와 경영 마인드, 윤리성, 합리적인 조직관리 능력 등이 요구된다. 공기업에 주무 부처 장관이나 단체장도 모르는 이면계약이 존재한다는 그 자체가 문제의 출발점임을 인식하고, 이제라도 악순환의 고리를 끊는 전화위복의 계기를 만들기 위한 노력이 필요하다. 하인리히 법칙에 따른 대형 사고의 발생 우려를 어떻게 불식할지 지금도 여전히 국민과 시민들은 지켜보고 있다.

• 이케아 효과 IKEA effect, 애정이 충만한 도시 만들기

정성을 쏟은 도시와
정성이 덜한건성인 도시
그 결과는?

이케아 효과IKEA effect란 것이 있다. 이케아IKEA는 완성된 가구를 파는 것이 아니라 조립용 가구를 주로 판매한다. 고객의 입장에서 조립용이 성가실 것 같지만 실제 조립을 통해 애착심을 갖게 되는 심리를 이용한다고나 할까? 이는 사람들은 자신이 공을 들이고 참여한 대상에 더 애착을 갖게 된다는 것을 의미한다.

우리가 살고 있는 공간이나 도시도 애정이 결핍되면 될수록 황폐해지고, 그 반대로 애정이 충만할수록 살기 좋은 공간과 도시로 거듭나게 된다. 1991년 우리나라 지방자치가 부활하면서 모두가 주창하고 있는 공통적인 요소 중의 하나가 시민참여와 '함께 다스림Governance'이다. 하지만 이는 말처럼 쉽지 않다. 아직까지 우리는 공동체의 구성원으로서의 일원으로보다는 개인 중심의 자아실현에 무게추가 기울어져 있기 때문이다.

2020년 1월 예기치 않은 '코로나19'라는 복병을 마주하면서 우리들에게 잠재되어 있던 공동체적 요소가 발아하기 시작하는 모습을 확인할 수 있는 계기가 되고 있다. 코로나19로 인하여 서구 선진국들은 생활필수품 사재기로 홍역을 치르고 사회 불안요소가 팽배해졌다. 반면에 우리나라는 그와 정반대의 현상을 보이고 있다. 강압적인 조치나 공권력의 개입이 없더라도 주민들 스스로 공동체를 위하여 절제하거나 솔선수범하는 모습을 보이고 있다. 이러한 모습은 좋은 도시와 공동체를 만드는 토양이 될 수 있다.

미국 샌프란시스코에는 베이 브리지Bay Bridge 와 금문교Golden Gate Bridge가 있다그림 2-2 참조. 1989년 10월 18일 프로야구 월드시리즈 결승전이 샌프란시스코 '캔들스틱파크49er' 구장에서 진행되는 와중에 지진이 발생하여 경기는 중단되고 관중들은 혼비백산하였다. 이 지진으로 인하여 베이 브리지는 붕괴되어 통행이 금지되었다. 반면에 바로 인근에 있는 금문교는 전혀 지진으로 인한 피해가 없었다.

지진으로 인한 두 다리의 극명한 대조는 내진설계의 차이라고 치부되고 있기도 하지만 또 다른 중요한 요인이 있음을 간과하고 있다. 베이 브리지는 정부예산으로 지어진 다리이다. 반면에 금문교는 시민들의 성금으로 만들어져 시민들의 남다른 애정을 받아 탄생한 다리이기 때문이다.

도시공간을 창출하거나 좋은 도시를 만들기 위해서는 시민들의 애정과 열정이 중추적인 역할을 한다. 문제는 어떻게 하면 시민들의 관심과 열정을 불러일으키도록 할 것인가이다. 즉 이케아 효과IKEA effect를 가질 수 있는 방안을 모색하고 고민해야 할 필요성이 제기되고 있다.

〈그림 2-2〉 금문교 (샌프란시스코)

출처 : https://blog.naver.com/suni2park/40205141599

Tips; 금문교Golden Gate Bridge

　금문교Golden Gate Bridge는 조셉 스트라우스가 4년에 걸쳐 설계 및 시공한 다리로 1937. 5. 28 준공당시 소요된 건설비가 3,500만불이라고 한다. 이 금액 중 당시 샌프란시스코에 연고를 둔 아메리카은행Bank of America 총재인 지아니니가 50%를 성금으로 내고 그 나머지는 샌프란시스코 시민들의 성금으로 만들어졌다. 시민들의 성금으로 만들어진 다리이기에 샌프란시스코 시민들은 금문교에 남다른 애정을 갖는 계기가 되고 있다. 샌프란시스코 시민들의 자존심과 마찬가지인 셈이다.

제 3 장

도시공동체의 속살

제3장 도시공동체의 속살

- 시민정신과 공동체 의식
- 도시에도 마을을!
- 지역정체성과 지역DNARDNA
- 도시/지역공동체를 살리는 길
- 소탐대실小貪大失하는 지자체의 호화청사
- 지방소멸을 막기 위해 우선 "해외동포이민특별법"을 만들자!

제3장 도시공동체의 속살

• 시민정신과 공동체 의식

살기 좋은 도시, 사회, 국가는
어떠한 도시, 사회, 국가일까?
시민정신이 존중되고
공동체의 가치가 발현되는 모습이 아닐까

세계의 많은 나라들이 성숙된 민주주의, 공동체의 선善이 실현되는 사회를 이루기 위하여 노력하고 있다. 성숙된 시민사회와 더불어 정치의 민주화는 모든 세계국가들이 지향하는 바다. 한국의 경우도 민주주의를 성숙시키고 심화시키는 것이 큰 도전으로 남아있다. 군사독재가 끝났다고 해서 민주주의가 자동적으로 되는 것이 아니다. 살벌한 인권탄압이 없어졌다고 해서 민주주의가 된 것이 아니다. 부정선거가 난무하지 않는다고 해서 민주주의가 성숙된 것은 아니다.

민주주의는 정체된 것이 아니고 자라나는 것이다. 보다 성숙된 민주주의를 만들기 위해서는 노력과 경험도 필요하고 선행조건도 충족되어야 한다. 첫 번째 <mark>선행조건은 시민정신</mark>이며, 두 번째는 <mark>공동체의식</mark>이다.

시민 또는 시민정신이란 무엇인가? 시민정신은 한편으로는 공동체국가나 자치단체의 이익을 우선으로 하고 이를 보호하고 신장하는데 공헌할 임무를 자발적으로 수행하는 정신이다. 다른 한편으로는 그 공동체가 제공하는 혜택을 누릴 수 있고 자유와 평등을 보장받을 수 있는 권리라고 볼 수 있다. 시민은 임무와 권리가 균형있게 통합된 정치적인 인격체라고 할 수 있다. 흔히 말하는 주인, 주인의식은 일면 시민, 시민정신을 적절히 표현하는 것이라고 할 수 있다. 시민정신은 개인보다는 공동체의 복지를 우선으로 하는 정신이다. 권리를 주장하기에 앞서 공익을 위한 의무 이행에 솔선수범하는 정신이다.

윤리적인 측면에서 보면 시민정신은 공익Public Interest 우선 정신이라고 볼 수 있다. 시민과 시민정신은 국경을 초월하는 개념이다. 세계통합국가A Global State가 존재하기는 어렵지만 세계시민Global Citizen은 존재한다. 모두가 좋은 세계시민이 될 때, 세계의 미래는 한층 밝다. 한 평생을 국가와 인종을 초월하여 전쟁고아 입양운동을 펼친 홀트Bertha Holt는 훌륭한 세계시민의 한

예라고 볼 수 있다.

　시민하면 개개인을 연상하지만 개인이 아닌 기관시민Corporate Citizen도 있다. 이는 시민의 개념을 개인에게만 국한하는 것이 아니라 회사나 단체 등 법인체에도 적용하는 것이다. 지역사회의 크고 작은 단체나 회사들이 지역공동체에 적극적으로 참여하고 공헌하여야 좋은 기관시민, 법인시민이 되는 것이다. 현대 자본주의 경제구조는 개인을 단위로 하는 구조에서 기관 및 단체나 회사들의 영향력이 압도적으로 높아지고 있다. 앞으로 기관시민Corporate Citizen의 역할이 증대될 수밖에 없다.

　공동체는 가치, 이상, 믿음을 공유하는 사회이다. 이는 서로 믿는 사회이며, 서로 협력하는 사회이다. 공동체라는 의미는 '더불어 함께 사는 사회'라고 볼 수 있다. 공동체의식과 시민사회는 상호 보상작용을 한다. 공동체의식이 진전될 때 좋은 사회가 된다. 흔히 한국 사람은 친척이나 친구들과 같이 잘 아는 사이에는 지나칠 정도로 친절하고 예의를 잘 지키지만, 모르는 사람에게는 예의를 지키지 않고 불친절하기 이를 데 없다.

　한국인은 '우리끼리'는 잘 통할지는 몰라도 구성원들 전체와는 전혀 잘 통하지 않음이다. 이는 공동체의식이 약하거나 결여되어 있다는 것을 의미한다. 높은 경제수준도 높은 교육수준도 행복한 사회를 만드는데 필요조건은 되지만 충분조건은 되지 못한다. 부와 지식이 공동체의식의 에너지가 되어야 하며, 공동체 의식이 성숙되고 행복한 사회를 만드는 엔진이 되어야 한다.

　우리는 1988년 유사 이래 처음으로 올림픽을 치르고, 2002년 월드컵을 치르면서도 아무 탈 없이 성공적으로 세계인의 축제를 훌륭하게 치른 경험이 있다. 당시 교통체증, 시민의식의 실종으로 인한 무질서, 이기심, 배타성이 신기할 정도로 극복되었다. 그 동안 잠재된 시민정신이며 공동체의식이 발로되었기 때문이 아닐까? 이는 우리에게는 저력이 있으며 사회의 공동선을 위해 이바지 할 준비가 되어 있다는 증거가 아닐까. 2020년 1월 급습한 '코로나19' 사태에서도 전 세계가 부러워하는 'K-방역'으로 회자되었다. 코로나19는 아직 미완의 상태이긴 하지만 그 동안 다져온 우리들의 시민정신과 공동체의식으로 극복하여 또 다시 대한민국의 저력을 보여야 할 것이 아닌가!

• 도시에도 마을을

타운town이란 말이 등장하기 이전에는
모두가 촌사람들이었다.
시골의 또 다른 이름인 '촌'은
마을이란 매개체를 통해 이웃 간 정보가 공유되고
서로 간 정감이 넘치며 소통이 원활한 공간이었다.
마을이 도시가 되면서
시골의 정취는 자취를 감추기 시작하였다.
이제 도시에서도
시골의 정취와 향수를 되살리고자
'마을 가꾸기'사업에 몰두하고 있다.
과연 시골다운 마을이 재탄생할지 자못 궁금해진다.

마을이란 주로 시골에서 여러 집이 모여 사는 곳으로 '말' 또는 '마실'이라고 한다 시골에서는 흔히 '마실가다'라고 하는데 이의 본뜻은 '마을에 가다'로 집에서 멀지 않은 사람들이 더 많이 모여 있는 이웃에 가다라는 의미가 함축되어 있다. 이와 같이 마을이란 어휘에는 소통성, 친밀성, 근접성, 동질성, 전통성, 소단위성, 전원성, 공동체성이 함축되어 있다.

마을하면 떠오르는 것이 '새마을 운동'이다. 어찌 보면 오늘의 대한민국이 존재하는 바탕에는 새마을 운동이 출발점이 되고 있는지도 모른다. 6.25, 4.19, 5.16 등 사회적 재앙과 혼란으로 핍박해질 데로 핍박해진 전통적인 농업사회국가인 대한민국은 희망이란 씨앗을 찾기가 어려운 시기였다. 나라가 가난하다보니 사회간접자본 등 국가나 지역이나 사회발전을 위해 해야 할 여력이 없었다.

새마을 운동은 전통적인 농촌사회의 취약하기 그지없는 인프라를 개선하기 위한 '마을 만들기'사업의 일환이기도 하였다. 협소한 길을 도로로 넓히고, 비만 오면 파괴되고 단절되는 지역 간을 잇기 위해 조그만 다리도 만드는 등 하드웨어적 기반의 구축이 당시 새마을 운동의 한 축이기도 했다.

새마을 운동을 통해 농촌이 조금씩 불편함을 벗어나고 전통적인 농업사회가 점차 산업사회로 탈바꿈되어 가면서 새마을 운동은 점차 국민들의 뇌리에서 희미해지기 시작하였으며 언제부턴가는 그 존재조차도 망각하면서 살아왔다.

최근에 이르러 도시에서 '마을 만들기'란 용어가 다시 등장하고 있다. 새마을 운동이 전개되던 60~70년대와는 상황이 크게 달라졌다. 이미 우리나라는 인구 5천만 명 이상, 소득 3만 불을 상회하는 30-50클럽에 2017년 세계에서 일곱 번째로 진입하였다. 물질적 풍요가 예전에 비할 바 없을 정도로 나아졌음에도 불구하고 국민들의 행복지수는 그다지 만족스럽지 못한 현실이 바탕에 깔려있다.

특히 도시는 양극화 현상으로 중산층이 붕괴되고 저소득층의 비중이 증가하면서 사회불안이 증폭되고 상대적 박탈감이 커지고 있다. 도시가 커지고 팽창하면서 함께 동승해온 지나친 이기심, 익명성, 몰인간성, 공허함, 불안감, 소외감, 상실감, 단절성 등이 도시공동체를 파괴하는 주범으로 자리하였다. 이들은 도시민의 삶을 사람의 향기가 사라진 모습으로 변하게 만들었다. 이제 도시란 공동체도 사람의 향기가 나고 마음 편하게 소통하며 더불어 나누는 삶의 공간이 되고 공동체가 되어야 함을 우리 모두가 간절히 바라고 있다. 즉 도시의 '마을 만들기'이다.

'마을 만들기' 사업의 핵심은 무엇인가? "멀리 있는 친척보다 이웃사촌이 낫다"는 우리 속담이 있듯이 잃어버린 이웃을 되찾는 사업이다. 파괴되고 단절된, 웃음이 사라진 이웃이란 생태계를 복원하는 사업이다. 지난날 시골의 마을에서 느낄 수 있는 정취를 도시란 공간에서도 느낄 수 있도록 하는 것이 바로 도시에서의 '마을 만들기' 사업의 요체이다.

오늘날 우리를 짓누르고 있는 양극화, 단절성, 이기심, 소외감 등도 마을이란 용광로에서는 용해되어 우리 모두를 행복하게 할 수 있다. 그렇기 때문에 한층 도시에서 마을을 만들고 마을을 가꾸는 사업이 더욱 절실해지고 있다. 일례로 서울시 마포구의 성미산 마을 만들기 사례, 수원시의 팔달구 행궁동, 장안구 율천동, 권선구 세류2동, 안산시의 상록구 사이동 등의 마을가꾸기 사업은 잃어버린 공동체에 대한 향수를 복원하는 희망의 불씨가 되고 있다. 최근에는 국민대가 위치하는 서울 성북구 정릉3동에서 국민대 행정학과 H교수가 주축이 되어 학생과 교직원, 정릉3동 주민자치회, 정릉3동 주민자치센터, 지역상인들, 배밭골 마을협의회 등이 함께 어우러져 이웃이란 생태계를 복원하는 사업이 수범사례가 되고 있다경향신문 2021. 11. 11. 이와 같은 마을 가꾸기 사례가 지속적으로 이어지고 확산되기를 바라며, 이를 위해 우리 모두가 함께 동참해야 할 것이다.

> Tips; 겐스Herbert J. Gans의 『도시촌사람들 Urban Villagers』
>
> 미국 보스톤시의 '서쪽 끝West End' 지역은 보스턴 최초의 가장 큰 빈민지역이었다. 이 지역은 스콜레이 스퀘어Scollay Square 인근에 위치한 도시 마을로 재개발의 대상이 되면서 관심지역이 되었다. 겐스Gans는 보스턴의 West End지역에 실제로 거주하면서 이 지역에 사는 사람들의 모습을 참여관찰을 통해 저술한 것이 『도시촌사람들 Urban Villagers』이다.
>
> 겐스는 커뮤니티 거주자들의 특성을 도시마을Urban village과 도시정글Urban jungle로 구분하고 있다. 전자는 비록 싼값의 임대료, 소득수준이 낮고 주거수준이 열악하지만 도시환경에 적응하기 위해 노력하고 꿈과 희망을 가지고 미래지향적인 삶을 추구하는 사람들의 집단

거주지로 인식하고 있다. 반면에 후자는 주로 독신남, 병있는 가족들, 사회와 가족들로부터 숨어사는 사람들, 커뮤니티의 사람들에게 불법적인 서비스를 제공하는 개인들이 거주하는 지역으로 간주하고 있다.

West End는 비록 낮은 수입, 부족한 교육, 열악한 환경과 싸우면서 사는 지역이지만, 그럼에도 불구하고, 이곳은 사람들과의 정감이 있어 따뜻하고 포근한 공동체로 유럽 이민자들이나 저소득층이 살기에는 대체로 좋은 곳으로 평가하고 있다. 그런 의미에서 이곳에 사는 거주자들을 도시촌사람들Urban Villagers이라고 묘사하고 있다. 도시의 마을가꾸기 사업도 도시의 삭막함을 벗어나 농촌의 포근하고 정감있는 모습으로 바꾸고 싶은 욕구의 발로이리라.

• 지역정체성과 지역DNA Regional DNA: RDNA

**지역마다의 동질성, 있을까? 없을까?
만약 있다면,
인위적이며 자의적 수단에 의해
동질성이 훼손된다면 -**

인간은 태어나면서부터 부모로부터 고유한 DNA유전자를 가지고 태어난다. 사람은 각기 다른 DNA 때문에 생긴 모양이 다르고, 사고가 다르고, 행동양식도 다르다. 만약 이 세상 사람이 모두 같은 DNA를 가진다고 상상해 보라. 이 세상이 얼마나 끔찍할 것인가?

사람이 이 세상에 태어나면서 각기 다른 DNA를 가지듯이 지역도 각기 다른 「지역DNA Regional DNA: RDNA」를 가지고 있다. 사람들은 각기 그 지역에 태어나 자라고 성장해 가면서 그들만의 고유한 문화와 전통, 선인들의 숨결을 함께 공유하고 있다.

이제 바야흐로 지구촌시대, 국경개념이 사라진지 오래되었고, 지금도 수많은 사람들이 다른 나라를 제집 드나들 듯 오가고 있다. 자연스레 외국인과의 접촉도 빈번하고 교류가 활발하다. 어느 나라 어느 곳을 가든 새로운 사람들과 자연 및 환경과의 만남으로 이어지고 있다. 우리와 다른 자연과 환경을 접하면서 그곳의 지역정체성을 확인하고, 우리와 사뭇 다른 사람과의 만남을 통해서 서로를 이해하고 소통의 물꼬를 열어 간다.

외국에 가면 사람과 사람과의 첫 만남에서 나누는 인사가 바로 "성함이 어떻게 되시는지? What's your name?"이고, 이어지는 인사가 "출신지역은 어디이신지? Where are you from?"이다. 다시 말하면 전자는 개인의 DNA에 관한 것이고, 후자는 지역DNA RDNA에 관한 질문이다. 바로 여기서부터 대화의 실마리를 찾게 되고 이야깃거리를 나누고 소통하게 되는 것이다.

출신지역이 어디임을 묻는 데에는 까닭이 있다. 사람마다 DNA가 다르듯 출신지역에 따라 지역DNA가 다르기 때문이다. 지역DNA는 지역정서이며, 지역이 전승해 온 뿌리이고, 가치이며, 선인들의 숨결이다. 정부가 바뀔 때마다 행정구역개편이 화두가 되고 있다. 잘못된 구역개편통합은 통합보다는 오히려 지역 간 갈등뿐만 아니라 지역 내 갈등을 조장하게 된다. 지금까지 구역개편의 핵심은 분리보다는 통합에 방점이 있다.

그 동안 구역개편의 통합에서 성공사례도 있지만 대부분 실패사례이다. 대표적 실패사례는 성남시와 하남시간의 통합시도이고 논산시와 계룡시, 대전시와 금산군, 부여군과 공주시 등도 마찬가지이다.

하지만 성공사례도 있다. 예를 들면, 1995년 충무시와 통영군을 통영시로 통합하였다. 충무시와 통영군이 통영시로의 통합에 별 어려움이 없었던 까닭은 두 지역이 같은 지역DNA를 공유하였기 때문이다. 즉 1955년 통영군의 통영읍이 충무시로 승격되면서 통영군과 분리되었던 것이 원상회복됨으로써 지역DNA가 회복된 것이라고 볼 수 있다.

지방자치는 지역DNA가 다름을 전제로 하며, 지역DNA의 가치를 창출하는 것과 다름 아니다. 지방자치를 실시하는 이유는 각기 다른 지역DNA를 살찌우고 튼튼하게 하는 것이다. 오랫동안 일정한 구역을 단위로 구축되어 온 지역DNA를 무시한 구역개편이 이루어진다면, 그러한 구역개편은 성공할 수도 없고 지방자치 발전을 위해서도 결코 소망스럽지 않다. 만약 지역DNA가 상이함에도 불구하고 억지로 통합을 강요한다면, 전 국토를 혼란에 빠뜨리게 된다.

지방자치는 지역고유의 DNA의 특성을 강화하고 살찌움으로 지역의 다양성과 창의성이 발현되며 지역경쟁력이 높아지는 것이다. 다시 말하면, 지방자치는 그 지역만이 가지고 있는 특성, 잠재력, 지역의 색깔을 강하고 튼튼하게 키우는 것이다. 지방자치 성공의 지름길은 지역성地域性, 지역의 정체성Identity, 즉 지역DNA를 살리는 것임을 명심해야 한다.

• 도시/지역공동체를 살리는 길

지방은 지방마다 특색이 있기 마련이다.
지역의 특색이 잘 반영되고 투영된 지방자치
그것이 지방자치가 지향해야 할 가치가 아닐까
그러한 지방자치는
지역 고유의 DNA Regional DNA**를 유감없이 발휘할 수 있어야 -**

지역공동체란 지역 내에서 생활하고 활동하는 개개인 및 집단의 총합이라고 볼 수 있다. 이들의 총합이 하나의 구성체로 형성되어 지역고유의 모습으로 형체화되는 지역공동체는 지역마다 각기 다양한 스펙트럼으로 나타나게 된다. 잘 형성된 지역공동체는 지방자치 발전의 동인으로 작용하기도 하지만, 때로는 오히려 지방자치 발전을 저해하는 걸림돌로 나타나기도 한다. 달리 표현하면 지방자치발전에 있어서 전자의 경우는 포지티브 섬positive-sum으로, 반면에 후자는 네거티브 섬negative-sum으로 작용한다는 점이다.

2021년은 지방자치지방의회가 부활한지 만 30년이 되는 해이다. 그럼에도 불구하고 아직까지 우리나라 지방자치단체는 지역공동체란 의식이 미약하고 좋은 지역공동체good community 형성을 위한 노력이나 가시적인 성과도 별로 보이지 않는다. 이는 지방자치 경험이 일천한 탓이기도 하지만, 더불어 단체장이나 지방의회의원, 지역주민, 시민단체, 다양한 이해관계집단 등 구성원 모두의 책임이 아닐까 여겨진다.

이제라도 한 단계 성숙된 지방자치를 위해서는 지역공동체 의식이 살아나고 좋은 지역공동체가 만들어지고 활성화되도록 온갖 노력을 기울일 필요가 있다. 좋은 지역공동체는 지역의 동질성은 견지하면서 지역공동체 내에서의 다양하고 이질복합적인 요소들을 잘 혼합하여 새롭고 가치있는 지역공동체를 형성하는 것이다. 이러한 맥락에서 알린스키Saul Alinsky는 좋은 지역공동체가 되기 위해서는 유사점similarities과 차이점differences을 모두 중요시하고 있다. 유사성은 심화시키면서 차이점은 서로 잘 혼합하고 융합함으로써 다양한 변화와 창의력을 증진시킬 수 있다고 한다.

　여기서의 유사점similarities은 지역이 각기 지니고 있는 고유한 특성이나 잠재력, 즉 지역 고유의 DNARegional DNA를 살리는 것이다. 하지만 이러한 지역 DNA는 저절로 형성되는 것이 아니라 각기 다양한 개인과 집단, 구성체들의 총화로써 만들어지고 형체화되는 것이다. 이는 지역공동체 내의 다양하고 무수한 이질적인 구성원집단들간의 갈등적 관계로서가 아니라 공동체의 사회적 편익증진을 위해 차이점들을 용해하고 융화시켜 지역공동체의 새로운 가치를 창출하고 승화사키는 것이다.

　알린스키는 지역주민들의 컨센서스가 이루어지는 지역공동체가 되기 위해서는 다른 사람과 자기의 이익이 공유될 수 있는 이슈를 통해 지역사회와의 유대를 강화해야 한다고 한다. 또한 지역공동체 구성원들의 낙관적인 정서를 공유해야 하며, 공동체로부터 초래하는 혜택을 함께 누릴 수 있는 파트너협력세력들을 확보한다. 더불어 지역공동체의 구성원들과 파트너들과의 상호우호적인 관계를 형성하여 협력을 증진하여야 한다고 한다. 모든 파트너들참여자들에게 참여할 수 있는 동기를 부여하고, 모든 참여자들에게는 가시적이며 실질적인 편익이 향유될 수 있도록 해야 한다. 이러한 지역공동체 구축을 통하여 지역공동체 구성원이나 집단들 모두에게 지역공동체를 위한 새로운 이슈가 형성되고 긍정적인 관계가 선순환관계로 발전해 나가는 것이라고 보고 있다. 이러한 지역공동체는 이익은 배가되면서 새로운 기회는 지속적으로 창출된다.

우리의 지방자치, 언제까지 중앙정부의 집권적인 시각과 제도, 취약한 재정구조 등을 탓하고만 있을 것인가? 이제부터라도 현재의 여건아래서도 가능한 것, 우선 할 수 있는 것부터도 시작해 봄이 어떨까. 그 첫 걸음을 지역공동체 운동으로부터 시작하자. 이를 위해서는 먼저 주민자치기능이 한층 강화될 필요가 있다. 그 동안 우리나라 지방자치는 단체장을 중심으로 한 단체자치가 중심이 됨으로서 진정 지방자치의 주인공인 주민은 뒷전으로 밀려난 형태였다. 이는 지역공동체를 형성하는 데는 한계로 작용해 온 점을 부인할 수 없다.

한편 주민자치가 활성화되기 위해서는 지역사회가 상향적 의사소통구조가 잘 되는 분위기를 조성하여야 한다. 하지만 이러한 분위기 형성은 한 순간에 저절로 형성될 수 없고 상당한 시일이 소요된다. 그러므로 현재 단체장을 중심으로 한 지방자치 시스템은 지역공동체 활성화를 위한 유인시스템을 강구하고 당근전략을 강화할 필요가 있다. 이를 테면, 좋은 지역공동체가 형성되기 위해서는 가장 기본적이며 필수적인 매뉴얼을 제작·보급하고 필요하면 컨설팅 기능도 수행해야 한다. 경우에 따라서는 공동체형성에 필요한 최소한의 행정적, 재정적 지원도 강구하도록 한다. 만약 수범이 될 만큼 좋은 결과로 나타날 때에는 물질적이던, 비물질적이건 간에 인센티브와 연계되도록 하는 것이 효과적이다.

　좋은 지역공동체를 육성·발굴하고 확산시키기 위해서는 매년 한 두 차례 「지역공동체 EXPO」Good Community EXPO대회를 개최하도록 한다. 이러한 대회를 통해 각 지방자치단체들은 좋은 지역공동체의 수범사례를 벤치마킹할 수 있으며, 이는 지역공동체의 발전을 위한 토양이 될 수 있기 때문이다. 이외에도 알린스키가 지적하는 바와 같이 지역구성원 모두에게 이익이 공유되는 아젠다를 지속적으로 발굴하도록 한다. 이를 위해 지역사회에서 우호적인 분위기가 조성되도록 함과 더불어 지역주민들에게 긍정적인 마인드가 형성되도록 하는 것도 중요하다. 또한 구성원들 간 상호 호혜적인 파트너쉽 등을 구축하는 것도 중요하다.

　좋은 지역공동체 형성이 분명 말처럼 쉽지는 않을 것이다. 하지만 한 가지 분명한 사실은 우리나라 지방자치는 지속적으로 변화하고 성장·발전하여야만 한다는 것이다. 흔히 지방자치는 풀뿌리 민주주의라고 한다. 이 풀뿌리 민주주의의 근간은 바로 지역사회에서의 조그만 지역공동체로부터 출발하고 있다. 품격 높은 지방자치는 좋은 지역공동체에 바탕하며, 이를 위해서는 우리 모두의 참여와 봉사, 헌신이 요청되고 있음을 명심해야 한다.

• 소탐대실小貪大失하는 지방자치단체의 호화청사

좋은 집과 좋은 음식,
모두가 바라는 바가 아닐까.
하지만 분수에 걸맞지 않는
겉모습에 탐닉하기보다는
속이 꽉 찬 모습을 기대하고 있는데 -

 민선자치제 부활 이후 재정규모 등을 고려하지 않은 과시용 호화청사의 신축으로 주민들의 눈살을 찌푸리게 하고 있다. 규모도 문제지만 에너지절약이나 지역여건에 맞지 않는 호화청사 건립이 더욱 문제이다. 새로 지어지는 청사는 거의 초현대식이며 외벽을 통유리로 짓는 것이 유행인 듯하다. 우리나라뿐만 아니라 세계가 녹색성장을 주창하고 있는데 에너지 낭비적인 청사를 지어야 하는지?
 단체장 집무실의 위치와 규모도 문제이다. 지상 가장 높은 9층 꼭대기층에 자리한 ○○시장실은 아방궁이라고도 불리기도 하는바, 그 위치만으로 주민들이 접근하기가 어렵다. 지금은 2층으로 옮기고 규모도 많이 축소하고 이전의 시장실은 "작은 도서관"으로 꾸며 시민들을 위한 공간으로 제공한 것은 다행이다.
 단체장의 집무실은 주민과의 소통을 원활하게 하는 것이 우선이다. 확 트인 공간과 가장 아름다운 경관은 다수를 위한 공간으로 활용되어야지 단체장을 위한 전용공간으로 제공하는 것이 과연 올바른 공복公僕의 자세라고 할 수 있겠는가?

집행부의 감시역할을 하는 지방의회는 무엇을 하는가? 다수 주민의 여망을 담아 전달하고 집행부의 잘잘못을 바로 잡는 데 소홀히 해서는 안 된다. 초록은 동색이라고 호화스러운 청사를 지으면 당연히 지방의회도 한몫을 챙기니 마다할 이유가 없는 모양이다.

한편으로는 주민들로부터 칭송을 받고 있는 지자체도 있다. 경기도 P시의 S시장은 취임 이후 집무실 절반을 열린 공간으로 제공하였다. S시장은 집무실이 지나치게 넓으면 시민과의 위화감이 조성되므로 당초 100㎡였던 시장 집무실의 절반인 49㎡를 열린 회의실로 꾸몄다. 회의실은 시민과 공무원들이 자유롭게 이용할 수 있도록 개방했고, 현안 사항에 대한 대책본부나 시민사회단체의 공익사업 추진을 위한 업무공간 등으로 이용하고 있다.

호화 논란과 거리가 먼 지자체이지만 기업체들을 위해 청사 일부를 개방한 곳도 있다. 경남 C시는 시장실, 시청회의실 2개소, 시민홀을 기업체에 개방하여 기업과 이업종교류 연합회 등이 공동으로 활용하고 있다. 또한 경기도 A시는 청사 신축을 추진행했으나 시의회가 제동을 걸었다. 시의회는 비록 시청사가 낡았지만 안전에 이상이 없다면 보수해서 사용하는 것이 바람직하다며 청사 신축에 반대해 사업 추진을 중단하였다. 전남 B군은 청사를 신축하려다 500억 원이 넘는 신축비용 때문에 이를 포기하고 180억 원을 들여 기존청사를 리모델링하고 별관 증축 공사로 방향을 바꾸었다.

자치단체의 예산 낭비를 줄이기 위해서는 주민들에 의한 예산공개심의제, 예산결산특별위원회의 정보공개, 외부 전문가들이 참여하는 외부감사제도 등의 도입도 필요하다. 더불어 호화청사로 인하여 예산을 낭비하고 주민들의 원성을 초래한 단체장을 공천한 정당도 책임에 자유로울 수 없다. 선거를 통해 주민들은 궤도를 벗어난 행위에 대해서는 책임을 묻도록 해야 한다.

지방자치는 땀과 고통을 먹고 자란다. 서구 선진국의 지방자치가 어느 한 순간에 발전한 것이 아니고 수많은 세월 속에 고통과 아픔을 감내하고 이겨내면서 자라온 민주주의의 꽃이다. 대한민국의 지방자치도 시련과 고통으로 시행착오를 겪으면서 점차 자라날 것이다. 하지만 이러한 시행착오를 줄이면 줄일수록 최소의 희생으로 보다 많은 성취를 이룰 수 있다. 비록 일부 지자체는 호화청사로 지탄의 대상이 되기도 하지만, 다른 한편으로는 건실하고 수범적으로 잘 하고 있는 지방자치단체도 적지 않다. 겉모습의 화려함보다 속이 꽉 찬 품격 있는 지방자치를 기대한다.

• **지방소멸 막기 위해 우선 "해외동포이민특별법"이라도 만들자!**

> 인구절벽과 지방의 소멸
> 멀리 있는 것 같지만
> 이미 시작되었는데
> 아직도 정부는 별효과가 없는
> 퍼주기에만 여념이 없다.
> 근본적인 해법이 절실한데-

세계에서 가장 급격하게 인구감소를 경험한 나라가 일본인데 바로 일본의 모습을 한국이 이어받고 있다. 일본이 우리나라보다 거의 한세대를 앞서 인구감소 및 인구절벽 현상을 경험하더니 드디어 지방소멸의 시대로 진입하고 있음을 실감하고 있다. 일본의 국토교통성에 의하면 인구감소로 인해 2004년 이후 일본 각지에서 적자 등을 이유로 폐지된 철도노선은 23개 구간, 총 614km참고로 서울-부산은 약 400km에 이른다고 한다.

일본의 마스다 히로야는 20~39세 여성인구를 65세 이상 고령인구의 비중과 비교하여 젊은 여성인구가 노인인구의 절반에 미달할 경우에 장래 '소멸위험 지역'으로 간주하고 있다. 일본은 인구감소문제를 심각하게 인식하고 지방정부뿐만 아니라 중앙정부 차원에서도 적극적으로 대응하고 있다. 인구문제해결을 위해 「1억 인구 총 활약상」이라는 중앙의 전담부서를 설치하여 국가의 중추적인 아젠다로 설정하여 임하고 있다.

인구소멸에 대한 문제는 우리에게도 먼 얘기가 아니라 이미 현실화하고 있다. 2018년 출산율은 0.98에서 2019년에는 0.92로, 2020년에는 0.8대로 진입하기 시작하였다. 2020년을 기점으로 출생자수약 27만명보다 사망자수약 30만명가 많은 역전 현상이 나타났다2020 통계청 KOSIS기준. 이른바 팽창국가에서 수축국가로 진입하기 시작하였고 앞으로 그 속도는 더욱 빨라질 전망이다. 하지만 아직 우리나라는 인구감소라는 얘기만 무성할 뿐 국가 차원에서 체계적이며 실효성 높은 대안은 오리무중이다.

이런 상황 하에 지방소멸이란 우려에 대해서는 최근 학계에서 이슈가 제기되고 있다. 이미 우리의 농촌지역에서는 1년 내내 아기 울음소리를 듣기 어렵다. 이러한 현실은 어쩌면 일본보다 더 급속도로 지방소멸의 기차가 다가오고 있다는 것을 경고하고 있다. 우리의 인구감소추세에 비추어 본 한 통계에 의하면 현재 약 3,400여 개의 읍·면·동 가운데 30년 뒤에는 거의

1/3이 사라질 것이라고 한다. 이제 중앙정부뿐만 아니라 지방정부도 지방소멸 우려에 대하여 적극적으로 대처해야만 한다.

WHO는 2030년 세계최장수 국가를 대한민국으로 지목하고 있다. WHO에 의하면 2030년이 되면 한국인의 평균수명은 여자 90.8세, 남자는 84.1세로 추정하고 있으니 허언이 아닐성싶다. 이제라도 문제의 심각성을 인지하고 능동적으로 대응해야만 한다. 그 동안 저출산문제에 대한 다양한 정책을 쏟아내고 예산을 투입하였지만 효과는 미미하였고 상황은 점차 악화되고 있다그림 3-1 참조.

이에 대한 한 가지 방안으로 우리도 언젠가는 필요한 노동력을 확보하기 위하여 개방적 이민정책의 도입이 불가피하지 않을까 여겨진다. 어차피 이민을 받아들여야 할 상황이라면 우선 러시아나 중국에 있는 해외동포들에게 우선적으로 문호를 개방하는 것이 바람직하지 않을까? 〈표 3-1〉에서 보는 바와 같이 세계 193개국에서 약 750만 명의 재외동포가 글로벌무대에서 활발히 활동하고 있다. 이들에게 우선적으로 모국을 위해 일할 기회를 부여하는 것이 지난날 선혈들의 고통과 희생에 대한 조그만 위로가 되리라 생각된다. 그러면 부족한 노동력 문제도, 지방소멸의 문제해결에도 큰 보탬이 될 것이다.

맥킨지 연구소에 의하면 2015년을 기준으로 자기의 출생국이 아닌 곳에 거주하는 사람이 약 2억 4,700만 명에 이르는데, 이들 대부분90% 이상이 자발적 이주은 더 좋은 일자리를 찾아서 이주한 이민자들이라는 것이다. 이들중 절반정도는 개도국에서 선진국으로 이동하였다고 한다. 통계에 의하면 이들은 전 세계 GDP의 약 9.4%를 기여하는 것으로 나타나고 있다일자리 혁명 2030, 226-227. 인구감소와 지방소멸, 이제 우리들에게 주어진 선택지는 별로 많지 않다. 게다가 대응이 늦어지면 질수록 외통수로 몰릴 수밖에 없는 상황이 다가오고 있다.

80년대 중반 미국에 유학을 가면서 비행기에서 내려 공항에서 부딪히는 첫인상은 이 나라는 왜 국민들의 피부색이 다양할까하는 의구심이었다. 뒤에 영국 출장을 가서 공항을 빠져 나오는데 여기는 미국보다도 피부색깔이 더욱 다양함을 체감할 수 있었다. 대부분의 선진국들은 국민들의 피부색이 다양한 것이 일반적이다. 그것도 산업혁명을 계기로 산업화가 먼저 진행된 국가일수록 부족한 노동력문제를 먼저 해결해야 했고, 부득이 이민이란 정책을 도입했다. 그러나보니 자연스레 국민들의 피부색이 다양해질 수밖에 없는 상황으로 이어졌다. 남의 나라 얘기일 것 같은 상황이 우리에게도 다가오고 있다. 이제 우리도 용단을 내릴 때가 왔다. 먼저 '재외동포 이민특별법' 제정으로 해법을 찾아보자.

<그림 3-1> 가임여성 출산율 변화추이

(가임여성 1명당) 0.918명 / '19, KOSIS' (통계청, 인구동향조사)

합계출산율이란?
한 여자가 가임기간(15~49세)에 낳을 것으로 기대되는 평균 출생아 수를 말한다.

<표 3-1> 재외동포현황

단위 : 명

지역별	연도별	2013	2015	2017	2019	백분율(%)	2017년 대비 증감율(%)
총계		7,012,917	7,184,872	7,430,688	7,493,587	100	0.85
동북아시아	일본	893,129	855,725	818,626	824,977	11.01	0.78
	중국	2,573,928	2,585,993	2,548,030	2,461,386	32.85	-3.40
	소계	3,467,057	3,441,718	3,366,656	3,286,363	43.86	-2.38
남아시아태평양		485,836	510,633	557,791	592,441	7.91	6.21
북미	미국	2,091,432	2,238,989	2,492,252	2,546,982	33.99	2.20
	캐나다	205,993	224,054	240,942	241,750	3.23	0.34
	소계	2,297,425	2,463,043	2,733,194	2,788,732	37.21	2.03
중남미		111,156	105,243	106,794	103,617	1.38	-2.97
유럽		615,847	627,089	630,693	687,059	9.17	8.94
아프리카		10,548	44,583	10,853	10,877	0.15	0.22
중동		25,048	25,563	24,707	24,498	0.33	-0.85

자료: 재외동포현황 2019, 재외동포재단

제 4 장

도시공동체의 변화와 혁신

제4장 도시공동체의 변화와 혁신

- 도시경쟁력은 변화와 혁신이다
- 신뢰의 화폐가치
- 신뢰사회와 정부의 역할
- 혁신이란 이런 것, 부천발 대동제
- 용수철 개혁이 되지 않도록
- 시민이 주인인 고객평가는 더욱 성숙되어야
- 기업경영과 시정경영, 어떤 차이?

제4장 도시공동체의 변화와 혁신

• 도시경쟁력은 변화와 혁신이다

> 삼라만상 변하지 않는 것이 없듯이
> 변화해 가고 있음에도 불구하고
> 변화에 소극적이고 무감각해짐은
> 퇴보와 마찬가지!
> 거부할 수 없는 변화라면
> 변화를 즐기는 것이 바로 경쟁력!

미국 신행정학의 거두인 프레드릭슨 H. G. Frederickson은 '공공관리의 특징을 한 단어로 표현하면 그것은 변화이다'라고 역설하였다. 고바야시 NEC 회장도 '세상에서 변하지 않는 것은 단 한가지뿐이다. 모든 것은 변한다는 사실이다'라고 하였다. 또한 찰스 다윈은 '결국 살아남는 종은 강인한 종도 아니고, 지적 능력이 뛰어난 종도 아니며, 변화에 가장 잘 대응하는 종이 종국에는 살아남는 것이다'고 하였다.

이 세상의 모든 개인, 회사, 국가 등 유기적 생명체는 변화와 혁신없이는 생존이 불가능하다. 그러나 변화의 중압감에 지친 현대인은 빨리 변화의 소용돌이가 그치기를 바라면서 바짝 엎드리고 싶은 마음, 즉 복지부동하고 싶은 충동이 간절할 수 있다. 하지만 앞으로 다가올 미래는 지금보다 변화와 혁신이 덜 요구되는 시기는 결코 없을 것이다. 변화를 피할 수 없다면 변화를 즐기는 것이 올바른 선택이 아닐까! 도시경쟁력은 구성원들의 변화에 대한 태도와 직결되어 있다.

- **거부할 수 없는 변화라면 오히려 변화를 즐겨라!**

변화할 줄 아는 자만 생존하는 것이 삼라만상 모두에 적용되는 자연법칙이다. 자연은 생명체든 기업이든 환경변화에 적응하지 못하고, 변하지 않는 개체에 무자비하다. 역사에 기록될만한 큰 성장과 발전은 모두 다 변화와 혁신에서 비롯된 것이다. 정부도 마찬가지이다. 국경없는 전쟁에서 국가의 경쟁력은 정부의 경쟁력과 직결되며 정부의 경쟁력은 비로 변화와 혁신으로부터 출발한다. 그러나 변화와 혁신하면 즐거움과 행복 대신 스트레스, 어쩔 수 없이 끌려가기 같은 부정적 이미지가 먼저 떠오른다. 그것이 바로 인간의 본성이기 때문이다.

이제 변화와 혁신이라는 주제가 어느 순간이 지나면 사라질 것이라는 근거 없는 희망은 버려야 한다. '피할 수 없으면 즐겨라'라는 말처럼, 차라리 변화 속에 몸을 던져 남보다 빨리, 더 확실히 변화하는 것을 즐겨야 한다. 변화와 혁신이라는 단어에서 즐거움과 기쁨, 행복을 연상할 수 있다면, 변화Change는 나와 우리에게 기회Chance가 될 것이다.

• 정부혁신은 창조적 아이디어와 직결된다!

기업혁신이 기업의 가치를 높이는 모든 활동이라고 볼 수 있다면, 정부혁신이란 당연히 정부의 가치를 높이는 모든 활동이라고 볼 수 있다. 정부의 가치를 높이기 위해서는 고민이 필요하고 아이디어가 필요하다. 즉 혁신은 바로 창조적인 '아이디어'와 직결되어 있다. 혁신 리더는 스스로 창조적인 아이디어를 가지고 있어야하고, 그 조직 전체에서 활발하게 새로운 제안들이 쏟아져 나올 수 있는 분위기를 조성하여야 한다.

혁신을 추진해 나가는데 필요한 것이 열정이다. 리더와 구성원의 열정없이는 아이디어가 나올 수 없다. 이런 창조적인 일을 해야 하는 사람은 바로 공무원이다. 공무원들이 각 부처의 혁신에 대한 열의와 책임감을 가지고 있어야 하며, 시간에 구애 받지 않고 어느 시간에든 배우고 토론해야겠다는 의지가 있어야 한다. 그래서 공무원이 바로 혁신의 주체가 되어야 한다.

• 「1일 3상」으로 창조적 아이디어를 얻자!

　혁신을 하기 위해서는 발상의 전환과 감수성 훈련이 필요하다. 현대인은 시간의 속박에서 하루하루를 정신없이 보내고 있다. 그러나 아무리 바쁜 하루의 일과일지라도 조금만 발상의 전환을 하게 되면 아이디어의 홍수를 만날 수 있다. 즉 매일 세 번의 고민 1일 3상을 해 보자. 그것은 바로 침상, 좌상, 차상이다.

　침상寢床이란 하루의 일과를 마치고 잠자리에 들기 전에 침대위에서 지나 온 하루를 반추해 보거나, 아침 기상 시 하루의 일과를 미리 정리해 보는 것이다. 좌상坐床이란 화장실에 앉아 잠깐 동안이나마 이런 저런 생각과 하루의 일과를 정리해보는 것이다. 차상車床이란 차를 타고 가면서 불연 듯 스쳐오는 아이디어를 낚아채는 것이다. 아이디어가 떠오를 때마다 항상 메모할 수 있는 준비를 해야 한다. 반딧불 볼펜이 출시된 까닭이 바로 어두운 밤 떠오르는 아이디어를 놓치지 않기 위한 침상에서 유래되고 있다.

　혁신을 하기 위해서는 감수성 훈련이 필요하다. 감수성의 수준에는 사람에 따라 선천적인 차이가 있겠지만, 후천적인 노력으로도 감수성을 기를 수가 있다. 감수성을 기르는 기본적인 방법은 우선 오만에서 벗어나는 것이다. 세종대왕이 통치자로서의 오만에 머물러 글 없는 백성에 대한 연민의 정을 느끼지 못했다면, 또 시리얼식품을 개발한 켈로그가 소화기가 약한 환자의 속이 불편한 것은 당연하다며 건강한 자의 오만에 머물렀다면, 한글이나 켈로그회사는 존재하지 않았을 것이다. 요즈음 흔히 이야기하는 철저한 고객지향적인 사고로의 전환이다.

• **신뢰의 화폐가치**

> 선진국일수록 신뢰사회가 바탕이 되고 있다.
> 높은 신뢰사회일수록 행정비용도 반감된다.
> 그럼 우리의 신뢰수준은
> 어느 정도일까?

아침·저녁마다 지하철을 이용하여 출퇴근을 하다보면 지하철 출입구 게이트마다 감시원들을 마주하게 된다. 이들은 무임승차나 불법적인 경로우대 카드 사용 등을 단속한다. 이는 정해진 규정이나 룰을 위반하는 사례가 빈발하기 때문이고 신뢰가 뒷받침되지 않기 때문이다.

독일 베를린시의 지하철 이용풍경은 우리와 사뭇 다르다. 독일의 베를린 지하철역사에는 출입구 문gate이 없다. 대신에 무인티켓자판기에서 구입한 티켓을 찍을 수 있는 포스팅 기둥만

이 플랫폼에 설치되어 있을 뿐이다. 고객이 승차 시 승차시간을 자율적으로 찍도록 하고 있다. 티켓의 종류는 탑승 후 2시간 동안 유용한 1회권, 1회권 4묶음, 1일권, 1주일권 등 다양하다. 이 시스템은 고객의 자발적인 티켓구입과 탑승시각 체크를 전제로 하고 있다. 기본적으로 신뢰에 기반한 시스템이다. 만약 불시단속으로 무임승차가 확인되면 60유로약 82,000원의 과태료를 물어야 한다. 이러한 시스템이 우리에게도 적용 가능할까?

후쿠야마교수의 신뢰Trust론에 의하면 "정부의 경쟁력은 그 사회가 지니고 있는 신뢰수준에 의해 결정되며, 신뢰없는 사회는 경쟁력이 없다"고 한다. 만약 신뢰사회에 기반한 지하철 운영이라면 베를린시와 마찬가지로 지하철역사의 출입구 게이트 설치도, 단속원도 필요없을 것이다. 이에 소요되는 비용을 시민편의나 복지 증진을 위해 사용된다면 시민들의 삶의 질은 한층 높아지지 않겠는가?

신뢰사회는 행정비용과도 직결된 문제이기도 하다. 신뢰에 값을 매길 수 있을까? 매길 수 있다면 아마 그건 무한대에 가깝지 않을까? 신뢰수준이 높아지면 질수록 시민의 삶도, 국민의 삶도 한층 풍요로워질 것이다.

• **신뢰사회와 정부의 역할**

건전사회일수록
신뢰가 바탕에 자리하고 있다.
신뢰사회가 되기 위해서는 -

매일 신문지상에서 거의 빠지지 않는 뉴스가 있다. 그것은 바로 자살, 은행총기사건, 살인 등에 관한 사건이다. 그러나 이러한 사건의 공통적인 요인이 있다. 그것은 바로 신용카드 부채 때문이다. 왜 이런 일이 생기고 있을까. 그 원인은 정부, 기업, 개인이 삼위일체가 되어 각자 눈앞의 이익에만 급급한데서 찾을 수 있다.

먼저 정부는 신용카드 발급과 관련하여 건전한 신용사회의 구축을 위해 필요한 기본 룰rule을 만들고 이를 지키는 의무를 소홀히 하고 있다. 신용카드가 많이 발급되어 거래량이 많으면 많을수록 경제가 활성화된다는 논리이다.

카드회사기업는 카드발급자가 소득이 있건 없건, 신용불량자이건 아니건 무조건 많이 발행하는데 몰두한다. 많이 발급할수록 거래량이 많아질 테고 그럴수록 이익이 많아지기 때문이다. 비록 무소득의 자녀가 카드사용으로 상환이 불가능할지라도 부모가 대신 갚건 누가 상환하건 관심 밖이다. 카드발급이 폭발적으로 증가함에 따라 덩달아 카드회사는 엄청난 폭리를 취하였다. 한동안 매년 연말이면 카드회사 직원들은 수백 %의 보너스를 받았으니, 뭇 샐러리맨의 부러움을 사기도 했다.

한편 개인은 갚을 능력이 있건 없건, 우선 달콤한 사탕 맛이 급할 뿐이다. 한두 번의 연체는 부모님께 의지하여 해결하더라도 이미 사탕 맛에 익숙한 탓에 결국 신용불량자가 되지 않기 위해 수십 개의 카드를 만들어 돌려 막기를 시작한다. 그러다 보니 100만 원이 1000만 원, 1억 원이 되어 버린다. 도저히 불가능하니 자포자기 아니면 다른 궁리를 할 수 밖에 없다. 살인, 은행 강도, 자살 등이 바로 그런 결과이다. 정부, 기업, 개인 모두 눈앞의 이익만 좇다 파멸로 치닫고 있는 모양이다. OECD 국가들 중에서 한국이 최고의 자살률을 보이는 원인遠因이기도하다.

원자력발전소 폐기물처리와 관련하여 아직도 정부는 골머리를 앓고 있다. 문재인정부의 원자력발전소 감축 및 폐기정책은 핵폐기물 처리를 선제적으로 대응해야하는데도 불구하고 현재의 신뢰수준으로 가능할지가 의문스러워진다. 지난 얘기지만 부안군 위도 핵폐기장 건설과 관련하여 혼란의 수준을 넘어 폭발직전이었다. 이 문제는 어디에서부터 출발하고 있을까? 전형적으로 위의 신용카드 발급과 유사하다. 우선 위도 핵폐기물 선정과정을 전체 주민들이 잘 알지 못하거나 투명하지 않은 채 진행된듯하다. 한편, 낚시꾼을 가장하여 위도에서 낚시하면서 보상문제를 흘리면서 분위기 조성을 시도한듯하다. 이런 과정에서 위도로 거의 결정된 듯하다가 폭풍을 만났다. 그 까닭은 바로 상호간 신뢰의 결핍에서부터 출발하고 있다. 본질은 외면한 채 우선 급하게 모면하려는 시도에서 초래된 결과가 아닌가 싶다.

미국을 비롯한 선진외국에서는 특정한 소득이 없이 신용카드 발급받기가 매우 어렵다. 신용사회가 되기 위해서는 신뢰가 전제되어야 한다. 사회적 자본이론을 주창한 푸트남은 정부의 경쟁력은 그 사회가 지니고 있는 신뢰수준에 의해 결정된다고 한다. 문재인정부의 원전폐기 및 감축정책, 핵폐기장 건설, 이제라도 차분하게 서로가 신뢰를 회복할 수 있는 방안이 무엇인지를 되뇌어 볼 필요가 있지 않을까?

공공부문이건 민간부문이건 신뢰의 상실은 바로 파멸이다. 신뢰를 저버린 위안부관련 시민단체의 공금유용문제가 지탄의 대상이 되고 있다. 신뢰를 상실한 단체에게 누가 성금을 보내겠는가? 특히 21세기 개방화 시대는 공공도, 민간도, 시민단체도 서로가 교호적이어야 한다. 이는 바로 상호간 신뢰 쌓기가 선결과제이며 이것이 문제해결의 시금석이 됨을 명심하여야 한다.

• **혁신이란 이런 것, 부천발 대동제**

> 인간은 변화를 좋아할까? 싫어할까?
> 원하든, 원하지 않던 쉼 없이 변하는 게 인생이 아닐까
> 문제는 변화에 수동적이냐, 능동적이냐에 따라
> 인생의 성공방정식이 결정되듯, 조직도 마찬가지가 아닐까
> 고객을 위한 조직혁신은?

지방자치법상 인구 50만 명 이상의 시에는 행정구를 설치할 수 있다. 따라서 50만 명이 넘는 시는 행정구를 설치하는 것이 일반적이다. 행정구란 특별시나 광역시에 속해 있지 않은 도시의 구區로서 기초자치단체가 아닌 행정 편의상의 구이다. 그런데 관료 조직은 여건만 되면 용수철처럼 조직이 팽창된다. 조직이 커지면 커질수록 계층 수와 직제가 늘어나고 이는 승진 잔치로 이어지기 때문이다.

도시도 도시마다 공간과 지역적 특성이 다르기 마련이다. 도시정부의 서비스공급체계도 지역적 특성에 잘 부합하도록 해야 한다. 즉 지역DNA를 살리는 길이다. 경기도 부천시는 비교적 작은 면적에 아파트중심의 고밀도로 인구가 밀집한 지역적 특성을 지니고 있다. 2021년 1월을 기준으로 부천시는 경기도 면적의 0.5%에 불과한 53.4㎢ 그중 약 30%가 개발제한구역에 84만 명이 거주하고 있다.

이런 부천시에 행정구를 폐지하고 대동제로의 재편은 신선한 충격으로 다가왔다. 1단계로 2016년 1월부터 시범적으로 소사구 9개동을 송내대동송내1동, 송내2동, 심곡본동, 심곡본1동, 소사대동소사본동, 소사본3동, 괴안대동괴안동, 범박동, 역곡3동 3개 대동으로 전환하였다. 경기 부천시가 2016년 7월부터 '시-구-동' 3단계에서 3개 구오정구, 원미구, 소사구를 폐지하고 '시-동' 2단계로 개편, 대동제大洞制로 전환하였다. 36개 동은 2~5개 동씩 10개의 권역별로 중심이 되는 동광역동에 행정복지센터를 설치해 복지·안전·청소 등 시민 밀착형 행정 서비스를 제공토록 했다. 기존의 동은 현장민원실 및 주민지원센터로 개편하였다. 이를 위해 2,300여 명의 공무원 중 동주민센터에 약 740명을 추가·배치하였다.

비록 찬·반이 엇갈리기는 하지만 기존의 관행화된 행정구제도를 주민밀착형으로 전환코자하는 시도에는 참신함이 있다일간경기, 2021. 5. 19; 부천포커스, 2015. 4. 15; 부천 타임즈, 2015. 4. 24. 이는 1995년 직선 단체장 체제 출범 이후 매우 신선할 뿐만 아니라 지방행정의 혁명과도 같은 조직 개편으로 평가된다.

그동안 구역 개편에 대한 논의가 여러 차례 있었고, 개편이 이뤄진 통합창원시나 제주도는 아직도 내홍을 겪고 있다. 이러한 구역 개편 및 대동제에 대한 논의가 계속되는 이유는 무엇보다도 정보·기술 IT의 발달로 행정 전산화, 전자민원의 확대, 온라인 행정 서비스 등으로 인한 행정 환경 및 수요의 변화가 요체다. 게다가 민선 단체장 출범 이후 폭발적으로 늘고 있는 복지 부문 예산은 2008년 이후 연평균 약 11%의 가파른 상승세다.

부천시의 행정구 폐지, 대동제로의 전환은 지방자치 발전을 위한 큰 이정표가 될 수 있다그림 4-1 참조. 우선, 시-구-동으로 이어지는 3계층을 시-동으로 2계층화함으로써 서비스 전달의 신속성 확보와 행정 효율성이 한층 커질 것이다. 분석에 따르면 22.2%의 행정 비용이 절감되는 것으로 나타났다. 그리고 지금까지의 구역 개편은 중앙정부 주도의 하향식이었던 데 비해 이 경우는 상향식으로 추진됐다. 하향식으로 추진된 구역 개편이 비록 물리적으로는 통합됐지만, 지금도 화학적 통합이 안 돼 갈등이 도사리고 있는 현실을 고려할 때 부천시의 경우는 신선하다.

행정구 폐지의 또 다른 장점은 행정 서비스의 질적 향상이다. '우문현답우리의 문제는 현장에 답이 있다'이라는 슬로건에 걸맞게 주민 밀착적이며 맞춤형 행정 서비스 공급이 쉬워질 것이기 때문이다. 그뿐만 아니라 부천시의 특성에 부합하는 개혁이다. 부천시의 인구는 87만 명이나 되지만 자치단체로는 면적이 53㎢에 불과해 30분이면 시내 어디든 갈 수 있으며, 상당 부분이 아파트인 집합적 주거 형태를 띠고 있다는 점이 개혁과 궁합이 잘 맞는 것으로 판단된다.

  하지만 극복해야 할 과제도 있다. 먼저 시장市長이 가진 권한을 과감히 분권화해야 한다. 만약 시장이 권한을 가진 채 계층을 축소한들 그것은 무늬만 주민 밀착 서비스를 강조할 뿐이다. 현장에서 신속하며 책임 있는 행정이 이뤄질 수 있도록 위임전결 규정이 개혁돼야 한다. 또한 내부 공무원들로부터 형성될 우려가 큰 냉소적인 분위기를 극복해야 한다. 통상 공무원들은 계층의 감소는 승진 기회의 감소로 인식할 뿐 아니라 민원인들과의 직접적이며 능동적인 봉사를 기피하는 경향이 있다. 공무원들이 현장에서 자발적인 의지가 충만할 수 있도록 리더십의 발현이 필수적이다. 부천발 행정 혁신이 전 지방자치단체에 확산되는 계기가 되고 지방자치 발전을 위한 전환점이 되기를 기대한다.

<그림 4-1> 부천시의 행정구 폐지 후 광역동으로 개편

2016년 7월 4일 : 3개구
(소사구, 원미구, 오정구) 폐지

현재 : 책임읍면동제 → 대동제로 개편
기존 36개(행정동)을 10개(광역동)로 통폐합

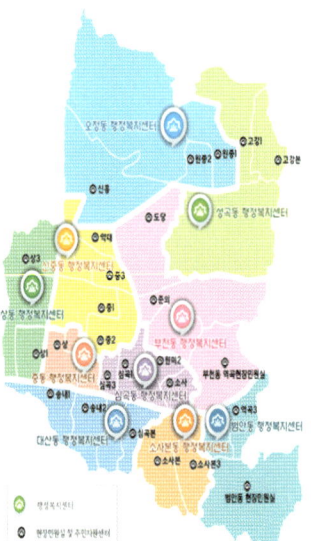

출처 : 부천시청 홈페이지, 위키백과
https://upload.wikimedia.org/wikipedia/commons/0/02/%EB%B6%80%EC%B2%9C%EC%8B%9C%ED%96%89%EC%A0%95%EA%B5%AC%EC%97%AD.png
http://www.bucheon.go.kr/site/homepage/menu/viewMenu?menuid=148009003

• 용수철 개혁이 되지 않도록

> 조직관리 역량은 인력관리 역량과 직결된다.
> 그런데 어느 조직이던지 인력을 100% 생산적으로 관리할 수 있을까?
> 문제는 조직에 무임승차하는 인력을
> 어떻게 효율적으로 관리하느냐가 관건!

용수철은 평상시에는 본래 모습으로 있다가 힘이 가해지면 압축되어 힘을 갖게 된다. 비유하면 조직의 긴장감이 높아지는 것과 마찬가지이다. 그러나 그 힘이 조금이라도 느슨해지면 본래의 모습으로 회귀한다. 우리의 공직사회도 용수철의 모습과 많이 닮았다.

중앙정부이건 지방정부이건 리더가 바뀔 때마다 개혁이다, 혁신이다 하며 요란스럽기는 마찬가지이다. 전두환, 노태우, 김영삼, 김대중, 노무현, 이명박, 박근혜, 문재인 대통령으로 이어지면서 정권이 바뀔 때마다 개혁이란 미명하에 각종 제도와 위원회를 양산하며 국민들의 마음을 들뜨게 했다. 하지만 정권말기에는 하나같이 시작할 때의 그 의지는 온데간데없고 국민들 지탄의 대상이 되었다.

노무현 대통령의 혁신의지는 남달랐다. 노 대통령은 아무리 바쁜 스케줄에도 불구하고 혁신관련 회의나 행사에는 만사를 제쳐두고 참석하여 혁신의 의지를 불태운 것으로 알려졌다. 하지만 국민들은 노 대통령의 혁신의지가 체감되지 않고 있음을 비판하였다.

참여정부 혁신의 전도사로 불리고 있는 오○○ D대총장은 대한무역투자진흥공사KOTRA에서 사람에 의한 개혁이 아니라 시스템에 의한 개혁체제를 구축하여 좋은 평가를 받은 공로가 인정되어 청와대 정부혁신특보와 행자부장관으로 발탁되었다.

오○○ 사장이 떠난 후 공기업옴부즈맨제도 도입과 관련하여 KOTRA를 방문할 기회가 있었는데 혁신적이며 역동적인 모습은 별로 체감되지 않았다. 이즈음 KOTRA는 공기업평가 때 고객만족도조사결과를 실제보다 부풀려 이미 지급받은 성과급을 되돌려 주어야 하는 상황에 직면하였다. 오○○ 사장 재직 시에 혁신의 선도기관으로 칭송받던 기관이 비판의 대상으로 추락한 데에는 공공기관이 조금이라도 혁신에 대한 틈새를 보이면 용수철과 같은 회귀본능이 발동함을 보여주고 있다.

지방정부도 중앙정부와 별로 다르지 않다. 지방자치단체장이 바뀔 때마다 요란스럽게 새로운 구호와 정책들이 쏟아진다. 어느 서울시장은 취임이후 줄곧 서울을 세계 10위권의 경쟁력 있는 도시로 만들기 위해서 창의와 상상력을 바탕으로 하는 '창의시정'을 표방했다. 부서마다 획일적으로 3%의 무능·불성

실 공무원을 '현장시정추진단'에 편입시켜 철밥통 공무원의 무사안일한 자세를 개혁하겠다고 나섰다. 지금까지 어느 시장도 시도해 보지 않은 참신한 시도이다.

열심히 일하며 창의적인 공무원을 우대하고 무능하고 나태한 공무원들에게 경각심을 일깨우고 퇴출시키고자 하는 의지는 높이 평가된다. 하지만 이 제도가 성공하려면 조직 안팎으로부터 공감을 얻어야 한다. 획일적으로 3%의 공무원을 부서별로 일시에 차출하려는 방법이 옳은지에 대한 고민을 했어야 했다. 우선 '현장시정추진단'의 도입만으로도 공직사회에 긴장감을 조성하는데 큰 의미가 있다. 공직사회에 긴장감이 높아지면 질수록 좋아질 것 같지만 다른 한편에서는 이를 무력화하려는 시도가 이어질 것이다. 이 제도가 1회성으로가 아니라 지속적인 제도로 정착시켜 나가는 것이 중요하다.

만약 공직사회에서 생산직으로 기여하시 못하고 오히려 장애요소가 된다면 3%가 아니라 30%라도 퇴출시켜야 한다. 부서별로 일시에, 일률적으로 3%라는 방식은 구성원들의 공감대를 확보하기 어렵다. 다소 시간이 걸리더라도 모두가 공감할 수 있는 원칙과 기준을 정하고 누적된 자료를 토대로 무사안일한 공무원이 더 이상 머무르지 못하도록 해야 한다. 자칫하면 '소나기는 피하고 보자'는 식의 냉소주의가 만연하지 않도록, 원점에서 제도 본래의 취지를 살리는 지혜를 모으고 용수철 같은 개혁이 반복되지 않는 시스템을 구축하도록 해야 한다.

• 시민이 주인인 고객평가는 더욱 성숙되어야

> 공급자가 왕인가, 수요자가 왕인가?
> 시장경제에서는 수요자가 왕일 수밖에 -
> 그럼 공공부문에서는?
> 그동안 공급자 중심에서 수요자 중심으로
> 변화의 닻을 올리기 시작하였다.
> 어떤 변화가 일어나고 있는가?

지방정부의 행정서비스는 지역주민을 대상으로 펼쳐지고 있다. 서울시의 경우를 꼽는다면 행정서비스 대상이 전 서울시민이 되는 것이다. 그렇다면 서울시민이 느끼는 행정서비스 만족도는 어느 수준일까. 긍정적일까, 부정적일까? 해마다 서울시민을 대상으로 한 시민만족도조사가 궁금한 이유다.

시민만족도 조사이후 행정서비스가 공급자 중심이 아니라 시민 눈높이 중심으로 변화하는 현상이 나타나고 있다. 지난 1995년 주민들이 지방자치단체장을 선출하기 시작하면서, 서울시를 비롯한 지자체의 행정서비스는 시민, 또는 주민들을 어느 정도 만족시킬 수 있는지가 관건이 되었다. 서울시는 우리나라 지방자치단체로서는 처음으로 1999년부터 시민만족도 조사를 실시해 오고 있다. 시민고객이 만족하면 할수록 행정에 대한 시민참여가 늘어나고, 이것은 행정을 시민고객의 눈높이에서 기획하고 집행하는 선순환 구조를 가져오는 것으로 분석되고 있다.

서울시의 시민만족도는 최근 몇 년 동안 꾸준하게 우상향 곡선을 나타내고 있다. 서울시민이 서울시 행정에 대해 느끼는 만족도가 해마다 상승하고 있다는 것을 의미한다. 이러한 결과는 서울시 공무원들의 땀과 노력이 수반된 결과이다. 시민을 시민고객으로 모시겠다는 마음가짐과 "120 다산콜센터"와 같은 신개념 콘텐츠가 시민들의 높은 호응을 얻고 있는 것으로 분석되고 있다. 서울시에 전화를 걸거나 찾아가보면 공무원이 달라졌다는 것을 피부로 느낄 수 있다.

그렇다면 행정서비스에 대한 만족도 향상이 추구하는 궁극적인 목적은 무엇일까. 그것은 바로 시민의 삶의 질 제고라 할 수 있다. 지방정부가 추구하는 궁극적인 가치인 삶의 질 제고와 맥을 같이하고 있다는 말이다. 현장의 목소리를 담아내는 행정으로 현장에서 필요로 하는 서비스를 제공하기 때문에 만족도를 높이고, 삶의 질도 향상시키는 것이다.

그러나 전반적으로 만족도결과가 향상되어가고 있지만 역대 시장들의 시민평가제도에 대한 관심도는 상대적으로 하향추세에 있는 듯하다. 이는 관료들의 관심도와 직결되어 나타나기 마련이다. 서울시는 고건 시장 때 이 제도를 처음 도입하여 공급자 중심의 행정을 바꾸는데 큰 기여를 하였다. 당시 한 해 동안 시정에 가장 성공한 정책이 무엇인지에 대하여 서울시출입 기자단, 전문가 집단, 공무원, 일반시민들을 대상으로 조사한 결과 압도적으로 시민평가제도라고 하였다.

 이후 이명박-오세훈-박원순 흐름으로 이어지면서 관심이 낮아지고 있다. 또한 초창기에는 시민평가제도의 콘트롤 센터가 외부전문가로 구성된 시민평가단에 있었으나 이제는 시의 평가업무를 관장하는 부서로 바뀌었다. 그 동안 이 제도 도입을 통하여 행정서비스 향상이 많이 이루어지기는 하였지만 아직 관심을 거두기에는 부적절하지 않나 여겨진다. 다시 한번 시민평가제도 도입 시의 초심으로 돌아가 제도 본래의 취지에 잘 부합하는지 재점검이 필요하지 않나 여겨진다. 시민고객의 눈높이에 소홀하거나 관심이 적으면 적을수록 행정서비스의 질은 하락함을 명심하여야 한다.

• 기업企業경영과 시정市政경영, 어떤 차이?

<blockquote>
기업경영과 정부경영
같을까, 다를까?
도시정부는 어떻게 경영을 해야 하지?
</blockquote>

흔히 경영이란 용어는 수익증대를 꾀하는 민간부문에만 적용되는 용어로 치부되어 왔다. 그러나 1995년부터 민선자치단체장 체제가 등장하면서부터 지방정부에서 "경영행정", "경영시정" 등의 용어가 등장하기 시작하였으며, 오늘날 대부분의 지방자치단체에서 "경영"이란 용어가 중요한 키워드중의 하나가 되고 있다.

2002년 7월부터 출범한 서울시 제3기 민선시장체제하에서는 경영시정이 한층 가속화되었다. 민간부문의 CEO로서 오랫동안 잔뼈가 굵은 이명박시장은 어느 지방자치단체장보다 경영시정을 지향하였다. 우선 서울시 조직 개편 시 경영기획관이란 직제를 새로이 신설하였고, 서울시의 자금관리를 위하여 민간부문의 금융권 전문가를 영입하였다.

시정의 생산성을 높이기 위하여 경영시정을 지향하는 것은 바람직하다. 여기서 한 가지 분명히 되짚어 보아야 할 것은 민간부문에서의 경영과 공공부문에서의 경영이란 개념을 접목시킬 때 분명한 차이가 있음을 간과해서는 곤란하다는 사실이다. 다시 말하면 공공부문의 특성을 고려하여 경영개념을 잘 접목시켜 나갈 필요가 있다는 점이다.

  이를 위해서는 첫째로 과정과 절차의 중요성을 간과해서는 곤란하다. 행정행위는 기본적으로 법과 제도에 따라 이루어진다. 법과 제도에 기반하여 적절한 과정과 절차가 필요하다. 때로는 비합리적인 제도가 존재할 수도 있다. 그러나 이를 무시하기보다는 잘못된 제도를 합리적으로 개선해 나가는 지혜를 발휘할 필요가 있다.

  둘째는 어떠한 정책결정이든지 간에 민간부문과 달리 공공부문에서는 다수의 이해관계집단이 존재하기 마련이다. 이들의 이해관계를 잘 어우르면서 모두의 공감대를 형성·도출해 낼 수 있어야 한다. 때로는 이러한 이해관계 집단들이 지나친 집단이기주의, 아집 등으로 인하여 문제해결이 용이하지 않을 수도 있을 것이다. 그렇다고 해서 과거 개발연대의 밀어붙이기식 행정으로는 곤란하다. 즉 시정의 거버넌스화함께 다스림가 중요하다. 둘러가는 듯한 길이 결국에는 지름길이 될 수 있다.

  셋째는 공공부문은 민간부문과는 달리 성과output를 가늠하기 어렵다는 점이다. 성과의 측정이 용이하지 않을 경우에 궁극적으로 무엇으로 경영시정을 가늠할 수 있을 것인가? 이를 위해서는 서울시가 제공한 행정서비스의 수혜대상인 시민들의 서비스 만족도를 파악하는 것도 한 방법이다.

마지막으로 서울시의 주요 정책결정행위는 정치적 행위의 일종이다. 따라서 정치적 요소를 간과해서는 곤란하다. 집행부의 의사는 의결기관인 의회의 동의를 구해야 하며, 또한 수많은 이해관계집단, NGO단체들과의 관계속에서 조망되어야 한다는 점이다.

　경영이란 개념이 함축하고 있는 본질적인 요소는 민간부문이나 공공부문도 별반 다를 게 없는 것도 사실이다. 서울시가 경영마인드를 도입하기 위한 일련의 시도는 눈여겨볼 대목이다. 경직된 조직체계를 유연하고 탄력적인 조직체계로 구축하고, 경영전문가 및 자금관리 전문가를 영입한다거나, 예산편성시 기존의 점증주의를 탈피하고 영단위 zero-base에서 원가를 재산정하여 반영하는 등 경영과 관련하여 새바람이 불고 있는 것은 분명하다.

　그러나 앞서 지적하였듯이 공공부문은 민간부문과는 또 다른 특수성이 존재하기 때문에 이를 유념하면서 경영개념을 잘 살려나갈 수 있는 지혜의 구축이 절실히 필요하다. 이제 서울시정의 경영화는 거스를 수 없는 대세이다. 하지만 급하게 먹는 음식이 체할 수 있듯이 너무 조급하게 서두르지 말고 공공부문의 특성을 잘 아우르면서 시정의 경영화를 촉진할 수 있는 지혜의 구축이 절실히 필요하다.

Tips; 남대문 방화사건의 원인遠因

　이명박 전 서울시장의 공功은 무엇보다도 청계천복원과 지하철-버스 대중교통 연계·호환시스템의 구축이다. 이는 우리나라 대중교통 이용의 편리성을 획기적으로 높이는데 큰 족적을 남겼다. 청와대로 가는 디딤돌이 되었음은 물론이다. 민간기업 CEO출신의 이명박 당시 서울시장은 유달리 경영시정을 모토로 하였다. 기업적 시각에서 보면 도시정부의 생산성은 비교하기조차 어려울 수가 있다. 하지만 기업경영과 시정경영은 유사한 점도 많지만 근본적인 차이도 있다. 비록 지엽적이지만 두 가지 사례를 더듬어 보면서 시정경영에서 놓치지 말아야 할 사항을 유념할 필요도 있다.

　하나는 남대문숭례문 방화사건이고, 다른 하나는 시민대학 일부폐쇄 사건이다. 2008년 2월 10일은 당시 국보1호 숭례문이 방화로 전소된 치욕적인 날이다연합뉴스, 2019. 10. 7. 15:00. 이 화재사건의 이면에는 이명박 시장의 경영시정도 한 원인遠因임을 부인하기는 어려울듯 하다. 국가문화재 관리체제는 중앙정부가 예산을 확보하여 지방자치단체에 넘기면 예산의 범위 내에서 문화재를 관리하게 된다. 남대문은 서울시 중구에 입지하는 관계로 당시 남대문의 관리체계는 문화관광부 → 문화재청 → 서울시 → 서울시 중구 → 중구청 관리부서 → 위탁관리기관으로 이어지는 구조이다. 당시 남대문은 우리나라 국보1호 문화재임과 동시에 서울시에서도 서울시를 상징하는 건축물이다.

　원래 공공시설물의 관리는 행정현장에서는 잘해야 본전이라는 시각이 지배적이다. 문제가 터지면 서로 책임을 떠넘기는 핑퐁현상예: 충분하지 않은 예산지원 vs 소극적 관리 또는 방기 등이 발생하는 것이 다반사이다. 당시 경영시정을 모토로 하는 서울시는 문화재에 대한 적극적인 관리보다 소극적인 관리로 이어질 수밖에 없는 구조였다. 한겨울에 추위를 이겨내기 어려운 노숙자들이 넘쳐 나고 각종 민원에 불만을 가진 자들도 다수인데 남대문 방화사건은 토지보상에 불만을 가진 자의 소행 소중한 남대문에 대한 적극적인 관리부재 및 관심소홀이 화재로 이어졌다.

다른 하나는 1997년 민선1기부터 설립하여 운영되어 온 시민대학의 일부 폐쇄조치 당시 Y지역에 위치한 시민대학에 따른 난맥상이다. 시민대학 운영성과가 무엇인지를 묻는 이명박 시장의 질문에 관계자는 답변이 곤궁하던 차 수료생의 수를 기준으로 답변하였다. 그것이 시정의 생산성에 어떻게 기여하는지를 따져 물었으며, 결국 임대賃貸로 건물을 빌려 운영하던 Y지역 소재 시민대학은 폐쇄되었다.

우연히 서울시 3층에서 개최되는 회의에 가다가 본 시장실앞 복도는 노인데모대가 몰려들어 난장판 일보직전이었다. 이유인즉 Y지역 소재 시민대학 폐쇄에 따른 시민대학 이용자들의 데모였다. 결국 계약을 해지한 임대건물은 훨씬 더 비싸게 재임대하여 시민대학 폐쇄를 철회하기로 하였다. 기업경영과 시정경영의 차이를 보여주는 사례가 아닌가 여겨진다.

제 5 장

도시공동체의 미래

제5장 도시공동체의 미래

• 디지털 혁명과 스마트 도시의 도래

제5장 도시공동체의 미래

• 디지털혁명과 스마트 도시의 도래

미래를 예측하는 건
쉬운 일이 아니다.
하지만 지나온 궤적을 뒤돌아보고
현재의 제반여건을 성찰할 시
다가오는 앞으로의 도시 모습을 상정할 수도 있다.
어떤 모습으로 다가올까?

불과 70년 전 6.25전쟁 폐허위에서 대한민국과 서울의 현재 모습을 과연 상상인들 하였을 것인가? 불과 지난 반세기 동안에 당시로서는 상상할 수 없었던 현상들이 전개되고 있지 않은가? 미래는 저절로 주어지는 것이 아니라 준비하고, 노력하고, 선택하는 것이며 준비된 자에게만 기회가 주어진다.

앞으로는 점차 세계화·지방화·정보화·현실세계와 가상세계의 융·복합화가 가속화될 것이다. 이들은 상호 독립적이면서도 상호 연관되어 있다. 이들은 그 동안 중앙정부에 집중되어 있는 권력이나 기능이 분산되는데 촉매역할을 할 것이다. 세계화는 정보혁명으로 크게 촉진되어 왔다. 정보혁명은 컴퓨터와 통신 수단을 사용하는데 드는 비용이 낮아지고 소형화·대중화됨에 따라 결과적으로 중앙집중화 효과보다는 탈중앙집중화를 선도하는 효과를 수행하고 있다.

인터넷과 새로운 정보통신기술의 발달은 중앙이라는 개념이 거의 없어 중심부의 고장으로 마비될 염려가 없는 시스템이다. 이들은 중앙과 주변의 개념이 거의 없는 새로운 사회구조의 형성을 촉진하고 있다. 비트코인의 핵심은 중앙집중의 금융허브의 불필요성을 전제로 한다. 즉 무수한 개별 네트워크가 핵심기반이다.

그러면 향후 무엇이 달라질 것인가? 계층적이며 수직적 사회가 수평적 사회로, 집권적 사회가 분권적 사회로, 권위주의적 사회가 탈권위주의적 사회로 변모할 것이다. 국경을 나누어 놓고 땅 뺏기를 하던 폐쇄적 시대에서 국경없이 모든 것이 서로 자유로이 오가는 개방의 시대가 될 것이다. 또한 중앙으로 권력과 기능이 집중하던 시대에서 네트워크로 연결되는 분산의 시대가 될 것이다. 조직적이며 위계적인 시대에서 인터넷을 통하여 무수한 개체들이 분산되는 수평적 시대로 전환되며, 이들은 각기 단순하게 개체로서 존재하는 것이 아니라 이들은 서로 네트워크화 된다. 공공조직이나 기업조직도 본청이나 사업소 또는 본사와 지사라는 계층조직에서 수평적인 모자이크식 조직으로 전환되어 질 것이다.

20세기 초 유명한 도시학자인 독시아디스Doxiadis는 머지않아 전지구는 하나의 도시로 되는 세계도시Ecumenopolis가 된다고 역설하였다. 그렇다고 지구촌에 자연환경과 녹색이 사라지고 전지구가 시가지화되고 빌딩숲에 점령되는 회색도시로서가 아니라 정보통신기술의 혁명으로 전지구가 하나의 도시처럼 서로 연결되고 네트워크화 되어 도시적 삶을 구가할 수 있음을 예견하였다. 이미 지구는 하나의 도시처럼 세계도시가 되어 버렸다. 앞으로 지구촌은 보다 질 높은 도시적 삶을 향유하는 글로벌 사회가 될 것이다.

앞으로 도시는 초스피드화할 것이다. 컴퓨터와 인터넷으로 대표되는 디지털기술의 발전으로 생활양식, 경제, 사회, 문화 등 모든 면에서 일대 혁신을 가져오는 디지털 혁명이 진행되고 있다. 디지털 혁명은 기존의 행정패러다임에 획기적인 변환을 초래하게 될 것이다. 디지털 혁명은 하나의 사건이 발생즉시 전지구적으로 동시에 확산되고 전파되는 것으로 과거에는 상상하기가 어려운 것이 벌써 현실화되었다는 점이다.

　이제는 공공기관의 행정업무 수행과 관련하여 물리적 거리의 개념이 점차 무의미해지고 있다. 물리적·장소적 이동은 빛의 속도로 광통신이 대신하고 있다. 아이돌그룹 BTS가 신곡을 발표하는 순간 글로벌 펜들이 스마트폰 등을 통하여 수억뷰로 화답하고 있다.

　환경행정과 관련한 일례를 들어보자. 이를테면 어느 지역의 공장이 폐수를 방류하여 악취가 나고 물고기가 죽게 되면, 이 사실을 확인한 사람은 즉시 이 사실을 인터넷상에 신고하게 되고, 이 정보를 접한 민간회사는 이를 제어하기 위한 수단을 강구하게 된다. 이를 처리한 민간회사는 처리 후 즉시 공공관할행정기관에 비용청구를 하게 되고, 행정기관은 해당비용을 온라인으로 송금하여 처리하면 종료된다. 이럴 경우 행정업무의 처리속도는 현재와 비교할 수 없도록 초스피드화하게 될 것이다.

　참고로 인터넷 이용률을 살펴보면 표 5-1 참조 아이슬란드가 세계최고수준으로 99.5이고 덴마크 98.7, 영국 97.3, 한국은 96.5%를 보이고 있다. 인구 100명당 초고속인터넷가입자수 2018년 기준는 스위스 46.3, 프랑스 44.8, 덴마크 44.1, 네덜란드 43.1, 한국이 41.6명, 노르웨이 41.3, 독일 41.1, 아이슬란드 40.6 등으로 나타나고 있다 ITU「http://www.itu.int」2020. 8. 인터넷기반의 강화는 행정에 있어서도 시·공을 초월하는 양상으로 전개될 것이다.

Tips: 세계 주요국가의 인터넷 이용률(%)

〈표 5-1〉 세계 주요국의 인터넷 이용률

아이슬란드	덴마크	룩셈부르크	노르웨이	영국	스웨덴	핀란드	한국
99.5	98.7	98.5	97.6	97.3	97.1	97.0	96.5
독일	네덜란드	스페인	벨기에	아일랜드	슬로바키아	에스토니아	라트비아
94.3	94.0	93.2	91.5	91.0	89.9	89.1	88.9

출처 : OECD(2020), Individuals using the Internet (last 3 months)
http://www.index.go.kr/potal/main/EachDtlPageDetail.do?idx_cd=1346

또한 도시는 네트워크로 특징지어진다. 디지털기술의 발전을 통해 사람과 사람, 기관과 기관, 지역과 지역 등 개체와 공간을 불문하고 서로 연계되어 네트워크를 형성하게 된다. 인터넷은 중앙 및 집중이라는 개념을 무의미하게 만들고 무수한 점적 요소나 개체들이 광통신으로 또는 공중파로 연계되는 네트워크를 형성하게 된다. 정보통신기술의 발달과 네트워크의 형성은 정보의 확산을 무한정으로 만들고 전통적 관료제의 권력 독점을 허물어뜨린다.

네트워크는 모든 정보를 공유하게 하고 이는 상호 견제와 균형을 유지하게 한다. 예를 들면 A라는 지방자치단체가 새로이 청사를 짓기 위해 관련 정보를 인터넷상에 올리면 수많은 건설업체는 각자의 판단에 따라 응찰하게 되며, A라는 지방자치단체는 그 가운데 가장 적합한 업체를 선정하여 공사를 하도록 하면 된다. 네트워크화는 행정에 있어서 모든 정보를 동시에 모든 사람에게 정보를 공유하게 하고 가장 경쟁력 높은 대안을 선택하는 데 매우 유용하다.

　미래도시의 또 다른 모습은 탈공간화이다. 디지털 혁명은 공간의 개념을 초월한다. 과거에는 일을 하기 위해서는 특정공간이나 장소에 모여야만 가능하였다. 회의를 하기 위해서도 모여야 하고, 민원을 해결하기 위해서도 관공서에 가야만 하였다. 그러기에 대규모의 시청사나 구청사가 필요할 수밖에 없었다. 그러다 보니 대규모 부지가 필요하였고 대규모의 주차장도 필요하였다. 대도시의 셀러리맨들은 아침·저녁마다 출·퇴근하느라 진땀을 흘리며 몇 시간을 허비하여야만 했다.

　그러나 디지털혁명은 이 모든 것을 변모시키는 파괴력을 가지고 있다. 왜냐하면 이제 더 이상 회의를 위해서 특정공간에 모일 필요도 없고 민원처리를 위해 시청이나 구청을 방문할 필요도 없기 때문이다. 대신에 집에서 직장동료들이나 상사, 직원들과 인터넷이나 줌을 통하여 회의를 하고, 민원도 집에 앉아서 처리한다. 과거와 같은 물리적 공간의 개념은 점차 사라지고 컴퓨터를 통한 가상공간에서 회의를 하고 업무를 처리하게 된다. 국경이나 권역·행정구역을 넘나드는 재화·인력·아이디어들의 규모와 속도가 시공(時·空)을 초월하게 됨에 따라 과거와 같은 장소·공간·물리적 거리는 이제 더 이상 장애요소가 아니다. 2020년 코로나19로 이미 언택트혁명이 진행·가속화되고 있다.

향후 도시는 급속도로 탈정규화할 것이다. 규칙적이고 획일적이며 정규적인 시스템이 탈정규화할 것이다. 물리적 거리도 공간적 개념도 사라지고 있는 현실에 매일 엄청난 시간을 소비하며 정규적이며 규칙적이고 반복적인 출퇴근을 할 필요가 없어진다. 획일적으로 매일 아침 9시 출근에 오후 5시에 퇴근하는 것이 아니라, 재택근무하면서 3조 1교대로 8시간씩 하루 24시간 내내 시민들을 위해 필요한 서비스를 즉시에 제공할 수도 있다.

공무원의 신분도 정규직 공무원뿐만 아니라 시간제part-time 공무원, 또는 특정기능만을 수행하는 공무원 등 다양한 형태의 공무원이 등장할 것이다. 시민들의 행정서비스에 대한 만족도를 높이기 위해서 밤과 낮의 구분도 없고 일요일과 공휴일도 없이 고객이 요구하는 서비스에 언제든지 대응할 수 있는 체제로 변모할 것이다.

이와 같은 기반위에서 미래도시는 사이버 도시Cyber-City와 사이버 정부Cyber-Government로 나아갈 것이다. 사람의 인체가 무수한 혈관으로 이루어져 생명을 유지하고 있듯이 미래도시는 정보통신기술혁명에 의한 사이버 도시화 될 것이다. 정부는 『스마트도시 조성 및 산업진흥 등에 관한 법률』을 제정하여 스마트도시를 가속화하고 있다. 이법에 의하면 스마트도시는 '도시의 경쟁력과 삶의 질 향상에 기여하기 위하여 건설 및 정보통신기술 등을 융·복합하여 건설된 도시기반시설을 토대로 다양한 도시서비스를 제공하는 지속 가능한 도시'로 정의하고 있다.

이미 우리나라 대부분의 지방자치단체에서는 스마트도시의 일환으로 경찰청과의 협조 하에 통합관제센터를 운용하고 있다아스팩미래기술경영연구소, 2020. 교통, 환경, 안전관리, 사회복지, 보건위생, 교육, 문화, 도시공간, 지역정보, 기업정보 및 모든 생활정보 등이 통합전산정보망에 의해 관리되고 네트워크화 되어 도시가 관리된다. 향후에는 가상공간에서의 업무수행 역할 및 비중이 점증할 것이다.

미래도시는 행정관청이 필요 없는 정부에 의해 운영될 것이다. 시민들이 시청이나 구청을 "방문할 필요가 없는 정부no-visit government"가 될 것이다. 이를 테면 서울시 전체 행정기관과 서울시민 전가구와는 전산정보망으로 연결된다. 모든 시민들은 시청이나 구청 및 동사무소를 방문하지 않고서도 가정이나 직장의 컴퓨터를 통해 모든 민원을 해결할 수 있다. 또한 모든 행정기관들은 문서수발이나 회의 등이 없이 전공무원은 자신의 스마트폰이나 PC를 통해 모든 업무를 수행한다. 이제 스마트폰은 만물의 영장이 되어 가고 있다. 정보기술혁명으로 손안의 스마트폰이 모든 필요한 것을 해결하는 요술폰이 될 것이다. 전공무원들은 재택근무가 가능해지며, 단지 최소한의 관리기능만을 수행할 매우 협소한 공간만을 제외한 행정업무 수행을 위한 대규모 행정관서는 필요성이 낮아질 것이다.

이미 자율주행자동차가 도시를 주행하기 시작하였으며 보편화할 때도 멀지 않은 듯하다. 물류이동도 큰 변화를 초래할 것이다. 온라인 쇼핑과 지하도로를 이용한 물류유통이 보편화될 것이다. 지능형 드론으로 하늘을 나는 에어택시와 에어버스의 등장도 코앞에 와 있다.

첨단교통관제시스템에 의하여 물 흐르듯이 원활한 교통의 흐름, 언제 어디서나 목적지까지 가장 편리하고 빠르게 갈 수 있는 대중교통, 환경오염을 유발하지 않는 쾌적한 도시, 도로·교량·건축물·주택·각종 시설 등 안전이 보장되는 도시, 시민의 건강과 풍요로운 삶이 보장되는 도시, 기업활동에 필요한 모든 정보를 구득할 수 있는 도시가 될 것이다. 또한 개인의 여가활동에 필요한 모든 정보를 얻을 수 있는 도시, 도시 전 지역에서 누구나 언제나 컴퓨터를 활용할 수 있는 도시, 도시전체가 전산망으로 연결되어 있는 도시가 되어 진다. 언제 어디서나 정보를 교환하고 의사를 전달할 수 있는 도시, 행정기관에 가지 않고서도 행정서비스를 받을 수 있는 도시, 시청이 없어도 시청 관련 업무를 처리할 수 가 있는 도시가 다가올 것이다.

이른바 최첨단의 스마트 도시가 도래할 날도 멀지 않았다. 도시가 첨단화되고 편리해지면질수록 더불어 부산물도 함께하기 마련이다. 이른바 감성이 점차 사라져 가는 도시, 빅 브라더의 위협에 어떻게 시민들을 온전하게 지킬 수 있을는지 등 또 다른 과제도 등장하고 있다.

마무리하며

이 책을 마무리하며

이 책을 마무리하며

『도시공동체의 민낯』은 그동안 연구원과 대학에 재직하면서 체득한 고민의 산물이다. 대학을 정년하고 S연구원장으로 덤으로 주어진 인생을 살면서 새로운 활력과 에너지를 찾았다. 일을 하면서 새삼스럽게 즐겁고 보람을 만끽하는 것은 정말 오랜만이었다. 그 동안 묵혀둔 서랍을 꺼내 정리하고 여기에 새로움이 더해지니 한결 에너지가 충만하였다.

새로 에너지가 충전되니 새로운 고민으로 이어졌다. 이 책의 출간으로 끝이 아니라 앞으로 또 다른 고민으로 이어지고 지속적으로 새로운 고통과 번민으로 이어질 것 같아 즐거움이 앞선다. 고민이 고통이 아니라 행복한 고민이고 그 고민은 새로운 삶의 활력소로 이어지리라. 이 얼마나 보람된 일이 아닌가! 어서 빨리 이 책을 마무리하고 또 다른 고민으로 새출발을 하고 싶다.

새로운 출발을 할 경우에는 지금까지와 같은 다소 딱딱한 얘기와는 사뭇 다른 스타일과 주제를 다루어보고 싶은 욕심이다. 평범한 소시민이 일상사에서 부딪히는 소소하면서 즐겁고, 되돌아보는 흔적이지만 나도 모르게 입가에 잔잔한 미소가 번지며, 큰 기대와 희망에 부풀기보다는 차분하게 다가올 내일의 얘기를 가지고 독자들과 소통하고 싶다. 또 다시 독자 여러분을 마주할 날을 간구하면서 -

〈참고문헌〉

- 경기도청 버스등록현황(2019. 1. 1 기준)
- 박영숙 & 제롬 글렌, 이희령 옮김, 비즈니스북스, 2017
- 발레리 줄레조, 아파트 공화국, 길혜연 역, 2007
- 서울시정개발연구원(역), 동경도청: 또 하나의 정부, 1994
- 아스팩미래기술경영연구소, 코로나이후 대전환시대의 미래기술저망, 호이테북스, 2020
- 재외동포현황 2019, 재외동포재단
- 주재욱, 스마트시티와 서울의 산업, 정책리포트 제317호, 서울연구원, 2021. 1. 25
- 최병대, 포스트코로나를 대비하라, 2021, 일상이상
- _____, 제21대 국회에 바란다 - 이제는 K-Politics다, 자치의정, 지방의회발전연구원, 2020년 9-10월호
- _____, 대한지방행정공제회, 월간 지방행정, 2018년 4월호
- _____, 대한지방행정공제회, 지방행정, 66권 763호, 2017년 5월
- _____, 서울신문, 시론, 2016년 6월 24일 31면
- _____, 문화일보, 포럼, 2015년 12월 7일 31면
- _____, 대한지방행정공제회, 지방행정, 64권 738호, 2015년 4월
- _____, 한국자치발전연구원, 자치발전, 2013년 2월
- _____, 한국자치발전연구원, 자치발전, 2011년 2월
- _____, 문화일보, 포럼, 2011년 1월 6일
- _____, 대한민국헌정회, 월간 헌정, 2010년 2월
- _____, 서울신문, 시론, 2009년 12월 4일
- _____, ㈔지방행정연구소, 자치행정, 2009년 11월
- _____, 한국행정연구원, 행정포커스, 2009년 10월

- _____, 대한국토도시계획학회, 도시정보, 권두언, No.329, 2009년 8월
- _____, 서울특별시, 서울사랑, 통권 79호, 2009년 4월호
- _____, 한국자치발전연구원, 자치발전, 2009년 3월
- _____, 자치행정의 이해, 대영문화사, 2008
- _____, 서울신문, 열린세상, 2007년 4월 2일
- _____, 기획예산처, 변화로의 여행, 혁신에세이 모음, 2006년 6월 9일
- _____, ㈜지방행정연구소, 자치행정, 2003년 9월
- _____, 서울특별시, 클릭시청가족, 핫이슈, 제63호, 2003년 1월 15일
- _____, 한양대학교 지방자치연구소, 지방자치정보, 제135호, 2002년 5월

- 경향신문 2021. 11. 11
- 뉴트리션, 2021.06.18.
- 매일신문, 2021. 2. 8
- 부천 타임즈, 2015. 4. 24
- 부천포커스, 2015. 4. 15
- 일간경기, 2021. 5. 19
- 연합뉴스, 2020. 6. 2.
- _____, 2019. 10. 7
- 중도일보, 2021. 8. 8
- 중앙일보, 2021. 6. 4.
- _____, 2021. 5. 6.
- _____, 2012. 12. 11.
- 한겨레 2020. 11. 3
- 한국경제 2021. 7. 14

- 통계청, 2020년 인구주택총조사, 2021. 8.

- _____, 2019년 인구주택총조사
- _____, 국가별 인터넷 이용률 자료

- 서울시, 내부행정자료, 2021
- 수원시, 수원시 연도별예산서 및 지방재정365
- _____, 정책기획과, 내부행정자료, 2021
- 수원시, 고양시, 용인시, 성남시 홈페이지
- 부천시청 홈페이지
- 중앙선거관리위원회 홈페이지
- e나라 지표
- 위키백과

- Doxiadis, Constantinos A., Ekistics, London: Hutchinson, 1968
- Gans, Herbert J., The Urban Villagers, NY: The Free Press, 1965
- OECD(2020), Individuals Using the Internet
- World Bank, International Tourism, 각 년도

- https://cafe.daum.net/forestguide/1XHp/835?q=
- %ED%9A%A8%EC%9E%90%EB%8F%99%EC%82%AC%EB%9E%91%EB%B0%A9
- https://news.naver.com/main/read.nhn?oid=001&aid=0011648752
- http://www.haninsociety.com1318248)
- http://www.index.go.kr/potal/main/EachDtlPageDetail.do?idx_cd=1346
- ITU: ITU「http://www.itu.int」2020. 8
- https://upload.wikimedia.org/wikipedia/commons/0/02/%EB%B6%80%EC%B2%9C%EC%8B%9C%ED%96%89%EC%A0%95%EA%B5%

AC%EC%97%AD.png
- http://www.bucheon.go.kr/site/homepage/menu/view-Menu?menuid=148009003
- http://www.index.go.kr/potal/main/EachDtlPageDetail.do?idx_cd=1346
- https://blog.naver.com/suni2park/40205141599